LA SITUATION

ÉCONOMIQUE & FINANCIÈRE

DU

JAPON

Après la guerre de 1904-1905

PAR

EDMOND THÉRY

Rédacteur en Chef de " L'ÉCONOMISTE EUROPÉEN "

PRIX : **3** FR. **50**

PARIS

ÉCONOMISTE EUROPÉEN

50, RUE SAINTE-ANNE

1907

LA SITUATION ÉCONOMIQUE & FINANCIÈRE

DU

JAPON

Après la guerre de 1904-1905.

OUVRAGES DE M. Edmond THÉRY

Les Valeurs Mobilières en France (1 vol., *Économiste Européen*), 1897, 4ᵉ édition. 2 50

Les Finances et le Change du Brésil (1 vol., *Économiste Européen*), 1898, 2ᵉ édition, ... 1 50

Europe et États-Unis d'Amérique, avec préface de M. Marcel Dubois (1 vol., librairie Ernest Flammarion), 1899, 2ᵉ édition. 3 50

La Situation Économique et Financière de l'Espagne après la guerre (1 broch. *Économiste Européen*), 1899. . 1 »

Faits et Chiffres (Questions économiques d'actualité, 1 vol., *Économiste Européen*), 1899. . . . . 2 50

La France Économique et Financière pendant le dernier quart de siècle (1 vol., *Économiste Européen*), 3ᵉ édition, 1900. . . . . 3 50

Le Problème du Change en Espagne (1 broch., *Économiste Européen*), 1901. . . . . 1 50

Le Péril Jaune, avec préface de M. d'Estournelles de Constant (1 vol., librairie Félix Juven), 4ᵉ édit., 1901. , . . . 3 50

Les Finances Ottomanes (1 broch., *Économiste Européen*), 1901. . . . . 1 50

1890-1900. Histoire économique de l'Angleterre, de l'Allemagne, des États-Unis et de la France (1 vol., *Économiste Européen*), 4ᵉ édition 1902. . . . . . 3 50

1890-1903. Situation économique et financière de l'Italie (1 vol., *Économiste Européen*), 4ᵉ édition, 1903. . . 3 50

Les Conditions de l'Exploitation Minière au Transvaal, en 1899 et 1903 (1 br., *Économiste Européen*), 3ᵉ éd. 1903. 1 50

La Paix Armée (1 broch., *Économiste Européen*), 1903. . . 1 50

La Situation Économique et Financière de la Roumanie (1 broch., *Économiste Européen*), 1904.. . . . . 1 50

La Situation Économique et Financière de la Bulgarie (1 broch., *Économiste Européen*), 1904. . , ... 1 50

Projet de Réforme monétaire et de création d'une Banque d'émission au Brésil (1 broch., *Économiste Européen*), 1904.. . . . . 1 50

La Grèce actuelle (1 vol., *Économiste Européen*), 4ᵉ éd. 1905. 3 50

Le Septenat de M. Émile Loubet au point de vue économique (1 broch., *Économiste Européen*), 1906.. . . 1 50

L'Égypte Nouvelle au point de vue économique et financier (1 vol., *Économiste Européen*), 4ᵉ édition 1907. . 3 50

ÉTUDES ÉCONOMIQUES ET FINANCIÈRES

LA SITUATION

ÉCONOMIQUE & FINANCIÈRE

DU

JAPON

Après la guerre de 1904-1905

PAR

EDMOND THÉRY

Rédacteur en Chef de " L'ÉCONOMISTE EUROPÉEN "

———

Prix : **3** fr. **50**

———

PARIS

ÉCONOMISTE EUROPÉEN

50, RUE SAINTE-ANNE

———

1907

LA SITUATION ÉCONOMIQUE ET FINANCIÈRE

DU

JAPON

APRÈS LA GUERRE DE 1904-1905

I

Résumé de l'Histoire du Japon jusqu'au traité de Simonosaki.

Les origines de la dynastie actuelle. — La constitution de Yeyas. — Le Nippon féodal et le Shogunat. — Les étrangers au Japon. — La Révolution de 1868. — Le nouveau Japon. — Besoins d'expansion extérieure. — La guerre contre la Chine. — Le traité de Simonosaki.

La guerre victorieuse du Japon contre la Russie a incontestablement placé l'Empire du Soleil levant au rang de première puissance; mais avant d'examiner les avantages politiques et économiques que cette nation cherchera à retirer de la situation prépondérante qu'elle occupe désormais en Extrême-Orient, il est nécessaire de résumer son histoire à grands traits, et de rappeler les événements qui ont en quelque sorte provoqué la dernière guerre.

La dynastie à laquelle l'empereur actuel Mutsuhito appartient règne sur le Japon — d'après la vieille légende nipponne — depuis 2 500 ans environ. Cette dynastie fut dépouillée du pouvoir effectif, vers le xiiᵉ siècle de notre ère, par de puissants seigneurs qui prirent le titre de shogun et qui gouvernèrent le pays à la manière des maires du palais sous nos derniers rois mérovingiens.

Après une période troublée, qui dura jusqu'à la fin du xviᵉ siècle, un shogun de génie, Yeyas, institua un puissant régime féodal et donna au Japon une Constitution politique et sociale qui s'est maintenue, presque intégralement, jusqu'en 1868.

D'après cette Constitution, l'Empereur, ou Mikado, dont la puissance n'était cependant que spirituelle, se trouvait nominalement propriétaire de tout le territoire, et le shogun lui-même devait lui demander l'investiture de sa fonction ; mais cette investiture n'était qu'une simple fiction, car la fonction de shogun se transmettait héréditairement dans la même famille, et le titulaire possédant le pouvoir effectif disposait à son gré des terres et des charges de la cour du Mikado.

Au-dessous de la famille impériale et de la famille shogunale, venaient les Daïmios, ou grands seigneurs féodaux, et après eux les Hattamata et les Samouraïs, qui constituaient une sorte de noblesse vassale des Daïmios.

Les Daïmios n'avaient, de leur côté, qu'un droit perpétuel d'administration et de jouissance de leurs domaines, dont la propriété appartenait théoriquement au Mikado ; mais ils s'en considéraient comme les véritables propriétaires et ils en transmettaient des parcelles à des vassaux qui devenaient également des usufruitiers perpétuels.

Le shogun, le Mikado et sa cour, les Daïmios et leurs seigneurs vassaux, vivaient des impôts prélevés, d'une manière plus ou moins arbitraire, sur les paysans et les commerçants.

Au point de vue social, le Japon féodal était divisé en huit castes héréditaires et fermées ; les quatre premières, dites castes privilégiées, avaient seules le droit de porter des armes et des vêtements de luxe.

Les paysans appartenaient de père en fils aux seigneurs des terres sur lesquelles ils vivaient et dont ils étaient justiciables. Ils ne pouvaient quitter leur village, ni se marier sans la permission de leur seigneur et n'étaient que les fermiers des terres qu'ils cultivaient et dont ils avaient l'usufruit héréditaire, moyennant une redevance en nature qui variait selon les seigneurs et selon les provinces.

La Constitution de Yeyas fermait farouchement le Japon aux étrangers ; tous ceux qui étaient dans le pays furent relégués dans le petit îlot de Desima et, sauf quelques Hollandais, tolérés seulement dans cet îlot, au prix de mille vexations, nul Européen, sous peine de mort, ne put fouler le sol du vieux Nippon. La Constitution défendait également, sous peine de mort, aux Japonais de quitter l'empire.

Mais, le 6 décembre 1868, le Mikado, reprenant le pouvoir effectif, proclama l'abolition du shogunat et du régime féodal japonais, donna solennellement audience, à visage découvert, aux représentants des puissances étrangères réunies à Tokio, et déclara le Japon définitivement ouvert au commerce étranger.

Or, avant d'en arriver à cette révolution, les puissances étrangères avaient dû faire parler la poudre :

En 1854, les flottes du commodore américain Perry et de l'amiral anglais Stirling pénétrèrent dans la baie de Yédo et obtinrent, *manu militari*, les premières concessions ; en 1857, les Etats-Unis imposèrent au shogun Yesada l'établissement d'une légation à Yédo, mais le shogun et le prince Hikone, son premier ministre, qui avaient signé le traité, furent assassinés par deux patriotes qui expédièrent la tête du ministre au Mikado avec cette inscription : « Ceci est la tête d'un traître qui a violé les lois saintes du Japon en admettant les étrangers dans le pays ».

Des attaques contre les étrangers se produisaient journellement, et le gouvernement shogunal, dont l'autorité et le prestige avaient été considérablement affaiblis par l'arrivée des Européens, était dans l'impuissance de punir les coupables.

Le 7 mai 1863, les marins français, sous les ordres de l'amiral Jaurès, débarquèrent à Yokohama, et, le 20 juillet suivant, notre escadre bombarda les forts japonais de Simonosaki. Le 15 août, l'escadre anglaise canonna la ville de Kayosima ; enfin, le 7 septembre, les escadres combinées, franco-anglo-hollandaise, prirent et détruisirent tous les forts et magasins militaires de Simonosaki.

Le Japon dut céder et subir la loi des plus forts et, chose singulière, les partisans les plus farouches de l'isolement, c'est-à-dire les adversaires acharnés de la politique tolérante du shogun, devinrent les plus ardents apôtres de la Révolution qui devait si profondément transformer l'état politique et social du vieux Nippon.

*
* *

La chute du shogunat eut pour conséquences immédiates l'abolition du régime féodal, la restauration du Mikado — brusquement devenu le représentant effectif du nouveau régime — et l'acceptation absolue de la civilisation européenne par la grande majorité de la classe privilégiée japonaise.

Pourquoi cette classe privilégiée accepta-t-elle

aussi facilement la Révolution ? Parce qu'elle avait compris que le Japon ne pouvait plus résister à l'action puissante de cette civilisation européenne, qu'elle ignorait jusqu'alors, et qu'elle se rendit enfin compte qu'elle serait la première à bénéficier du changement de régime.

En effet, le nouveau gouvernement accorda des titres et des pensions héréditaires à tous ceux, nobles ou manants, qui l'aidèrent à renverser le shogunat, puis il racheta, contre des pensions perpétuelles et transmissibles, les droits héréditaires des Daïmios, de leurs vassaux, de la caste militaire des Samouraïs et de la caste des prêtres Shintoïstes, dépossédés par la Révolution.

Mais la liquidation financière du régime féodal fut très laborieuse, car les finances des Daïmios et du gouvernement shogunal étaient dans une situation déplorable à la fin de 1868.

Avec une très réelle habileté, les anciens Daïmios et grands seigneurs vassaux, devenus ministres, conseillers, préfets, généraux, amiraux, etc..., du gouvernement mikadonal, organisèrent le nouveau régime. Ils firent appel à des spécialistes étrangers : ingénieurs, militaires, marins, professeurs, universitaires, jurisconsultes, administrateurs, banquiers, etc., et s'efforcèrent de s'assimiler le plus rapidement et le plus fidèlement possible leurs leçons pour les adapter ensuite aux habitudes et au tempérament de leurs compatriotes.

Les anciennes castes privilégiées, devenues la classe dirigeante du nouveau Japon, n'adoptèrent la civilisation européenne que pour mieux défendre leur pays contre les étrangers pour lesquels elles ont, d'ailleurs, conservé une notoire antipathie. Le gouvernement japonais congédia les spécialistes européens dès qu'il put se passer d'eux, ce qui arriva après la promulgation, par le Mikado, de la Constitution du 11 février 1889, qui donna au Japon un semblant de monarchie constitutionnelle.

Nous disons un semblant de monarchie constitutionnelle, parce que cette Constitution, légèrement modifiée en 1900, laisse au Mikado et à ses ministres, irresponsables devant le Parlement, un pouvoir presque absolu.

La vérité, c'est que le Japon, sous l'apparence d'un Etat démocratique, est gouverné par une oligarchie issue de l'ancienne noblesse héréditaire, dont les membres occupent toutes les places dans le conseil privé, les ministères, la chambre des pairs, l'armée, la marine, l'administration centrale, les ambassades, l'administration provinciale, la magistrature et l'université.

Les quatre grands clans de l'ancien régime féodal conservent une influence décisive sur tous les actes du gouvernement mikadonal. D'ailleurs, dès le lendemain de la Révolution, en 1869, le Mikado avait créé 9 rangs honorifiques, et depuis 1884 une nouvelle noblesse héréditaire a été instituée comprenant à peu près toute l'ancienne noblesse féodale, ainsi que quelques roturiers de distinction.

Cette nouvelle noblesse, qui n'a pas de privilèges apparents, mais qui, par cela même, les a presque tous, a cinq grades : les princes, les marquis, les comtes, les vicomtes et les barons.

La Chambre des pairs est composée des membres de la famille impériale, de tous les princes et marquis âgés de plus de 25 ans, des comtes, vicomtes et barons de l'Empire ayant atteint leur vingt-cinquième année et élus par leurs égaux ; de membres âgés de 30 ans au moins, nommés à vie par le Mikado pour leurs services ou leur savoir, et enfin de 45 membres âgés au moins de 30 ans, élus par les 15 habitants les plus imposés des districts d'administration et dont l'élection est approuvée par l'Empereur. Le nombre de ces deux catégories réunies ne doit pas dépasser celui des membres de la noblesse.

D'après la nouvelle loi de 1900, la Chambre des députés compte 379 représentants. Pour être électeur, il faut avoir 25 ans et payer au minimum 10 yens de contributions directes ; on peut être député sans payer aucune contribution, mais il faut être âgé d'au moins trente années. La moitié environ des députés japonais sont des propriétaires agricoles, et ce sont, paraît-il, les meilleurs, car le niveau moral des politiciens japonais laisse beaucoup à désirer.

Pour être véridique, nous devons ajouter que

ces politiciens n'ont, en fait, aucune influence sur la politique extérieure du gouvernement. Ce sont les anciens clans féodaux, devenus la classe dirigeante, qui mènent le Mikado et le pays. C'est cette classe qui a voulu et préparé la guerre contre la Chine en 1894, qui a voulu et préparé la guerre de 1904 contre la Russie.

*
* *

En 1894, le Japon n'a pas déclaré la guerre à la Chine dans l'espoir de s'en emparer, comme les nations européennes l'ont fait pour leurs colonies : Trop à l'étroit sur leur territoire, qui ne suffit plus à nourrir une population déjà trop dense et qui s'augmente de 500 000 individus par année, les Japonais visaient d'abord la Corée, pays vaguement tributaire du Céleste-Empire et dont leurs ancêtres s'étaient déjà emparés vers la fin du XVIᵉ siècle.

Ils visaient la Corée et ils voulaient y devancer les Russes avant que le Transsibérien — dont la construction était commencée depuis le 19 mai 1891 — n'arrivât à son point terminus, Vladivostok, sur le Pacifique, à 150 kilomètres seulement de la frontière coréenne.

Une fois maîtres de la Corée, qui ne se trouve qu'à 200 kilomètres de leurs côtes et de la presqu'île du Leatong, qui commande avec Port-Arthur le golfe du Petchili, les Japonais pouvaient espérer prendre la direction politique de la Cour de Pékin et associer, par des liens étroits d'intérêts communs à l'égard des étrangers, les destinées du Céleste-Empire à celles de l'Empire du Soleil Levant.

Ce programme a été nettement formulé, dans la presse et au Parlement nippon, en 1892 et 1893, pendant le ministère du marquis Ito, qui préparait le Japon à la guerre. Il eut un commencement d'exécution après les défaites de l'armée chinoise, mais on sait comment il fut contrecarré par l'intervention de la Russie, à laquelle vinrent se joindre la France et l'Allemagne.

Nous devons indiquer, en passant, que le marquis Ito, l'homme des clans par excellence, est l'homme d'Etat le plus illustre et le plus habile du Japon. Il a souvent visité l'Europe, dont il connaît presque toutes les capitales, et c'est lui qui est le véritable père de la Constitution de 1889 et de l'alliance anglo-japonaise de 1902. Il est actuellement résident supérieur ou gouverneur général de la Corée, qu'il aura bientôt fait de japoniser.

Le traité de Simonosaki fut une immense déception pour le peuple nippon, qui espérait bien, grâce à ses victoires, s'implanter au cœur du Céleste-Empire. L'intervention de la Russie obligea, en effet, le gouvernement du Mikado à se contenter de l'île de Formose et d'une indemnité de 943 millions de francs.

L'opinion publique japonaise se montra très irritée des conditions du traité de paix : le Mikado et ses conseillers durent cependant s'incliner, parce que le Japon n'était pas alors en mesure de risquer une nouvelle guerre contre la Russie ; mais, pendant les années 1896 et 1897, le gouvernement mikadonal fit voter par la Diète impériale un formidable programme d'expansion militaire et maritime dont nous parlerons plus loin et qui fut le prélude de l'audacieuse guerre de 1904.

II

Les suites du traité de Simonosaki.

Les nations occidentales en Extrême-Orient. — La politique de la Russie. — Le Transsibérien. — Le traité Cassini exaspère les Japonais. — L'opinion publique veut une revanche. — Le Japon se prépare à la guerre contre la Russie. — L'alliance anglo-japonaise de 1902 en est le prélude.

L'Extrême-Orient est devenu, à cause de ses richesses latentes, de la passivité de ses habitants et grâce aussi au développement extraordinaire de la marine à vapeur et de la télégraphie sous-marine, un centre d'attraction où toutes les puissances de race européenne viennent converger.

Il ne s'agit plus de simples questions commerciales : c'est vers la possession du sol et la domination effective des populations indigènes que se porte l'effort des nations européennes, auxquelles il faut aujourd'hui ajouter les Etats-Unis d'Amérique, devenus maîtres des Philippines à la suite de leur guerre victorieuse contre l'Espagne.

Les Anglais, en dehors de leur grand empire des Indes, occupent Singapour, Hong-Kong, et, depuis 1898, ils ont obtenu sur la terre ferme, en face de leur port de Victoria, un territoire de

1032 kilomètres carrés et se sont installés dans la forte position navale de Weï-Haï-Weï, sur le point extrême du Chan-Tong, munie d'un port excellent qui lui permet de faire la police du golfe de Petchili, c'est-à-dire de la route maritime de Pékin.

L'Allemagne, dont les intérêts commerciaux en Extrême-Orient ont pris, depuis quinze ans, une extension considérable, a profité de son intervention en faveur de la Chine contre le Japon victorieux pour prendre possession, depuis 1897, de la magnifique baie de Kiao-Tcheou, qui lui assure la possession virtuelle de la province du Chan-Tong.

Depuis 1899 et grâce à leurs victoires sur l'Espagne, les Américains sont installés aux Philippines, en face de notre grande colonie de l'Indo-Chine, à 400 kilomètres de Formose, à 600 kilomètres de Hong-Kong.

La Hollande n'a rien obtenu de la guerre sino-japonaise : avec Sumatra, Java, Bornéo et les autres îles de la Malaisie, elle exerce cependant sa souveraineté sur des territoires ayant une superficie quarante fois supérieure à celle de la métropole et une population de 28 à 30 millions d'habitants.

Quant à la France, elle possède ou elle protège, dans la mer de Chine, la Cochinchine, l'Annam, le Tonkin, le Cambodge et le Laos, ayant une superficie égale à celle de la métropole et une population de plus de 20 millions d'habitants.

En outre, nous avons obtenu, après la guerre sino-japonaise, des droits sur l'île d'Haïnan, dont l'occupation par une autre puissance pourrait être une menace pour l'Indo-Chine, et nous avons pris possession de la baie de Hang-Tchéou-Wan, tout à fait au Sud de la province chinoise du Kouang-Toung.

Mais la puissance européenne qui avait le plus profité de la guerre sino-japonaise de 1894-1895, c'est incontestablement la Russie.

Puissance demi-orientale, la Russie, après avoir solidement assis sa position en Europe, s'est tournée vers ces riches contrées de l'Extrême-Orient, dont les déserts glacés de la Sibérie et le massif central asiatique semblaient devoir la séparer toujours.

L'annexion au territoire sibérien, en 1858, des vastes régions de l'Amour et de l'Oussourie, étendit la domination des tsars de la Baltique à la mer du Japon. La fondation de Vladivostok sur le Pacifique, en face du Japon, à 150 kilomètres de la frontière nord de la Corée, remonte seulement à 1860.

Mais la baie de la Corne-d'Or, au fond de laquelle se trouve Vladivostok, n'est libre de glaces que pendant huit mois de l'année, et l'action de la Russie en Extrême-Orient aurait été lente et peu efficace sans la construction de cette gigan-

tesque voie ferrée qui s'appelle le Transsibérien
et dont nous avons sans doute, au moment de
sa création, exagéré l'importance économique et
surtout stratégique.

Pendant près de trente années, la question du
Transsibérien fut étudiée et examinée sous toutes
les formes par le gouvernement russe. Enfin, le
7 mars 1891, un ukase du tsar Alexandre III en
décida la construction, et, le 19 mai suivant, le
tsarévitch Nicolas, qui venait précisément de vi-
siter le Japon, où un Samouraï fanatique avait
failli l'assassiner, inaugurait à Vladivostok les
travaux de la première section, dite la section
oussourienne.

Cette inauguration, que les Russes considéraient « comme un des événements historiques
les plus importants du siècle qui allait finir, non
seulement pour leur patrie, mais aussi pour le
monde entier », fut au contraire très mal accueil-
lie par la presse nippone qui vit dans le Transsibérien une menace directe contre la politique
japonaise en Corée et en Mandchourie.... et c'est
à dater de ce jour que s'ouvrit au Japon la vio-
lente agitation politique qui aboutit, en 1894, à
la guerre contre la Chine.

Les ingénieurs russes avaient reconnu que le
tracé du Transsibérien par l'Amour, primitivement adopté, présenterait les plus grandes difficultés d'exécution et qu'un passage à travers la
province chinoise de la Mandchourie procurerait

une réduction de parcours de 550 kilomètres et une économie considérable de temps et d'argent.

La guerre sino-japonaise éclata en 1894 et nous avons dit le service capital que la Russie rendit à la Chine pendant les négociations, qui se terminèrent, le 17 juin 1895, par le traité de Simonosaki. La diplomatie russe en profita pour régler la question du Transsibérien, et dès le mois d'octobre suivant, le comte Cassini, ambassadeur de Russie à Pékin, obtint le droit de faire passer la grande ligne russe par la Mandchourie et d'occuper militairement cette province pour en protéger les travaux.

Ce coup de théâtre exaspéra les Japonais, car, avec le nouveau traité, les Russes devenaient maîtres, tant au point de vue militaire qu'au point de vue commercial, de cette Mandchourie, objet de leurs secrètes convoitises, de cette marche de la Chine dont le traité de Simonosaki les avait expulsés, eux vainqueurs des Chinois !

On peut affirmer que c'est à partir de cette époque que la guerre qu'ils ont engagée au commencement de 1904 contre la Russie fut résolue et nous verrons comment le gouvernement mikadonal s'y est préparé pendant huit années consécutives.

*
* *

L'article 3 du traité Cassini réservait encore aux Russes le droit de construire, en Mandchou-

2

rie, une ligne se détachant du Transsibérien et allant aboutir à la ligne de Tien-Tsin-Pékin.

Au mois de septembre 1897, les Allemands occupaient un peu brutalement Kiao-Tchéou, et les Russes profitèrent de la terreur que la présence de la flotte allemande dans le golfe du Petchili provoqua à la cour de Pékin pour se faire octroyer à bail, les 15 mars et 15 avril 1898, Port-Arthur et Talien-Wan, au Sud de la presqu'île de Léatong.

L'Angleterre protesta énergiquement... et mit la main sur l'excellente baie de Weï-Haï-Weï, qu'elle a conservée depuis.

Voilà quelle était, trois ans après la signature du traité de Simonosaki, la position respective des puissances de race européenne autour du Céleste-Empire, autour de cette proie inerte et colossale dont chacune d'elles voulait tirer profit.

Au commencement d'août 1898, à propos du traité Cassini dont les stipulations ne furent divulguées qu'à cette époque, la guerre faillit éclater entre l'Angleterre et la Russie. Heureusement, l'Angleterre céda sur tous les points et retira les prétentions qu'elle avait formulées relativement aux chemins de fer concédés aux Russes et aux provinces chinoises du Nord que la Russie enfermait dans sa sphère d'influence... Mais pour combattre l'influence russe, l'Angleterre prêta l'appui de son crédit au Japon : ses chantiers maritimes lui construisirent de puissants navires de guerre, et, finalement, le 30 janvier 1902, elle signait avec le gouvernement du Mikado ce fameux traité d'alliance qui l'obligeait à intervenir directement dans la lutte, si, dans une guerre soutenue par le Japon contre une puissance quelconque, en faveur de l'indépendance et de l'intégrité territoriale de la Chine, le Japon était attaqué par une ou plusieurs autres puissances.

Ce qui revient à dire que, si, dans la dernière guerre, une nation européenne quelconque avait voulu se joindre à la Russie, l'Angleterre devait immédiatement venir au secours du Japon « et poursuivre la guerre de concert avec lui, pour ne conclure la paix qu'après un accord mutuel. »

La lecture des journaux japonais des mois de février et mars 1902 ne laisse aucun doute sur l'excitation que la publication du traité d'alliance du 30 janvier a produite sur l'esprit de la population japonaise! Ce fut le coup de fouet décisif, et le gouvernement mikadonal n'a attendu la fin de l'année 1903, pour formuler les réclamations qui aboutirent à la guerre, que parce que ses armements, sa flotte et les détails de sa mobilisation n'ont été prêts qu'à cette époque.

*
* *

Au lendemain du traité de Simonosaki, la Diète impériale avait voté avec enthousiasme tous les projets relatifs aux dépenses extraordinaires gagées par des emprunts publics et par l'indemnité de guerre à recevoir de la Chine, mais elle changea cependant d'attitude sur la question des nouveaux impôts. Sans entrer dans le détail des péripéties parlementaires, qui coûtèrent la vie à trois ou quatre ministères japonais en moins de trois années, il nous suffira de dire que la Diète, après avoir voté, en 1896, une partie seulement des augmentations de recettes demandées par le gouvernement (nouveaux droits d'enregistrement, nouvelle taxe sur les affaires, augmentation de l'impôt sur le *saké,* ou vin de riz, et création du monopole des tabacs : soit, au total, 33 570 000 yens de ressources ordinaires nouvelles), finit par accepter, pendant sa session de 1899-1900 : l'augmentation de l'impôt foncier qui avait provoqué les plus grandes résistances, un nouveau relèvement de l'impôt sur le revenu, sur le *saké,* sur le chôyu, sur les recettes du tabac, des postes et télégraphes, un nouveau droit de tonnage et enfin l'impôt sur les billets convertibles de la *Banque du Japon.* Cette nouvelle saignée arrachait aux contribuables japonais 42 020 000 yens d'impôts nouveaux à ajouter aux 33 570 000 yens votés en 1896, soit, au total, 75 590 000 yens ou 205 millions de francs.

Pour indiquer l'importance du sacrifice, il nous suffira de rappeler que les recettes fiscales proprement dites de l'exercice 1893-1894, qui précéda immédiatement la guerre contre la Chine, ne donnèrent effectivement que 69 930 924 yens, tandis qu'elles étaient prévues pour 172 020 765 yens dans le budget de 1903-1904.

Le relèvement de l'impôt foncier, voté en 1899, ne devait durer que pendant cinq années — 1899 à 1903 inclus. — Le gouvernement, dans le but déclaré d'augmenter encore la puissance de la marine militaire japonaise, voulait maintenir ce relèvement jusqu'à l'exercice 1913-1914 et il en fit la proposition à la Diète avec le budget 1902-1903. La Diète impériale refusa de voter cette proposition et fut dissoute. Le gouvernement revint à la charge pendant la session de 1903, mais la Diète, tout en reconnaissant la nécessité de l'augmentation des forces de la marine de guerre, et tout en adhérant aux constructions nouvelles, refusa encore de maintenir le relèvement de l'impôt foncier et le gouvernement dut, cette fois, s'incliner devant la volonté de la Diète et demander à l'emprunt les crédits nécessaires pour les nouveaux cuirassés commandés en Angleterre.

Ce qui avait motivé la résistance de la Diète, c'est que l'agriculture japonaise, loin d'avoir bénéficié du développement prodigieux de l'industrie et du commerce de l'Empire, constaté pendant les dix dernières années, semblait, au contraire, avoir beaucoup souffert de la transformation économique qui enrichissait surtout les industriels, les commerçants et les banquiers.

Mais l'opposition, tout en refusant le maintien des impôts extraordinaires qui pesaient sur la terre, ne songeait nullement à critiquer la politique extérieure du gouvernement, et on peut affirmer que les nouvelles charges que le pays a subies entre 1896 et 1904, pour préparer « *la Revanche* », ont été supportées sans murmure.

Le programme militaire de 1896, qui s'appellera dans l'histoire du Japon, le *Programme de la revanche de Simonosaki,* a été augmenté dans la suite, mais il était à peu près achevé vers la fin de 1903, au moment où le Japon a adressé ses premières réclamations à la Russie relativement à la Corée et à la Mandchourie.

Pour y faire face, le gouvernement japonais releva progressivement du simple au quintuple le budget ordinaire de ses ministères de la Guerre et de la Marine ; or cette augmentation — qui n'était que le résultat de la nouvelle organisation de la défense au point de vue des effectifs — fut bien inférieure aux dépenses extraordinaires que les ministres du Mikado consacrèrent à la fabrication du nouveau matériel de guerre, de l'équipement, des munitions et à la création d'une puissante flotte militaire.

En effet, d'après les budgets officiels japonais de la période 1896-1897 à 1903-1904, les dépenses extraordinaires des ministères de la Guerre et de la Marine pendant les huit années qui ont précédé la guerre russo-chinoise, ont été les suivantes :

Dépenses extraordinaires du Japon pour les Ministères de la Guerre et de la Marine, de 1896-97 à 1904

(En yens)

EXERCICES	GUERRE	MARINE
1896-1897.	30 629 000	12 654 000
1897-1898.	31 402 000	40 851 000
1898-1899.	21 336 000	47 338 000
1899-1900.	16 974 000	47 084 000
1900-1901.	38 714 000	41 364 000
1901-1902.	20 948 000	24 494 000
1902-1903.	40 272 000	15 263 000
1903-1904.	7 529 000	14 588 000
	177 804 000	243 636 000

Soit un total de 1 087 320 000 francs dont 458 740 000 francs pour la guerre et 628 580 000 francs pour la marine militaire, sans compter — nous le répétons — les dépenses ordinaires des deux départements qui n'étant que de 12 402 000 yens ou 32 millions de francs au moment de la guerre sino-japonaise (1894-1895), avaient été progressivement portées au chiffre de 60 865 000 yens ou 157 millions de francs dans le budget de 1903-1904.

Pendant ce temps le gouvernement russe, semblant ignorer les préparatifs que son ambassadeur à Tokio lui signalait cependant avec persistance — et dont la presse japonaise ne faisait d'ailleurs point mystère — ne songea ni à renforcer sa flotte d'Extrême-Orient, ni à concentrer sur les frontières de la Mandchourie une armée suffisante pour tenir les Japonais en respect.

*
* *

Parfaitement renseigné par un habile service d'espionnage, le gouvernement du Mikado, à la fin de 1903, connaissait, à un homme près, les forces de terre et de mer dont les Russes disposaient en Mandchourie et à Port-Arthur... et il s'était parfaitement rendu compte qu'en cas de guerre en Corée ou dans le Sud de la Mandchourie, le Transsibérien ne pourrait leur apporter que des secours très limités.

Le caractère de l'alliance anglo-japonaise, tel qu'il résulte de la Convention signée à Londres le 30 janvier 1902, aurait dû pourtant avertir le gouvernement russe du danger qui le menaçait. Il suffit, en effet, de lire le texte des trois premiers articles de cet acte pour n'avoir aucun doute sur les intentions des deux parties contractantes :

« *Art.* 1er. — Les parties contractantes ci-dessus ayant reconnu de part et d'autre l'indépendance de la Chine et de la Corée, déclarent n'avoir absolument aucune visée agressive contre l'un ou l'autre de ces deux pays.

« Étant donnés cependant leurs intérêts spéciaux, ceux de la Grande-Bretagne se rapportant principalement à la Chine, tandis que le Japon, indépendamment des intérêts qu'il possède en Chine a, tant politiquement que commercialement et industriellement, des intérêts particuliers en Corée, les parties contractantes conviennent qu'il sera admissible de part et d'autre de prendre les mesures qui pourront être indispensables afin de sauvegarder ces intérêts, dans le cas où lesdits intérêts seront menacés soit par l'action agressive d'une autre puissance quelconque ou par des troubles se produisant en Chine ou en Corée et nécessitant l'intervention de l'une ou de l'autre des parties contractantes, pour protéger les vies et les biens de leurs sujets.

« *Art*. 2. — Au cas où la Grande-Bretagne ou le Japon, dans un but de défense de leurs intérêts respectifs, comme il a été indiqué ci-dessus, se trouveraient engagés dans une guerre avec une autre puissance, l'autre partie contractante restera rigoureusement neutre et s'emploiera de toutes ses forces à empêcher d'autres puissances de se joindre aux hostilités entreprises contre son allié.

« *Art*. 3. — Si, dans le cas précité, une ou plusieurs puissances s'associaient aux hostilités contre cet allié, l'autre partie contractante viendrait à son secours et mènerait la guerre de concert avec lui, pour ne conclure la paix qu'après accord mutuel ».

Les principes, dont l'alliance anglo-japonaise se réclamait, étaient nettement exposés dans les préliminaires de la Convention dans lesquels l'Angleterre et le Japon affirmaient être « uniquement animés du désir de maintenir le *statu quo* et la paix générale en Extrême-Orient » et se déclaraient plus spécialement intéressés à maintenir l'indépendance et *l'intégrité territoriale* de l'empire de Chine et de la Corée, et à assurer au commerce et à l'industrie de *toutes les nations* les mêmes avantages dans ces deux pays.

Or, la politique que le gouvernement russe poursuivait en Corée et en Mandchourie était contraire aux engagements pris à l'égard du Japon quand, par le traité de Simonosaki, ce pays rétrocéda à la Chine la presqu'île de Leatong, alors occupée par son armée victorieuse.

La prise en possession de Port-Arthur, l'occupation permanente de la Mandchourie par la Russie et les nouvelles concessions qu'elle venait d'obtenir de la cour de Séoul grandirent encore l'irritation de la classe dirigeante japonaise contre la Russie, irritation qui remontait d'ailleurs à une époque bien antérieure au traité de Simonosaki, puisque depuis la prise en possession de l'Amour et de l'Oussourie par les Russes, et la création du port de Vladivostok en 1860, les deux pays avaient toujours eu des difficultés dont la principale fut naturellement la question coréenne.

III

La guerre Russo-Japonaise.

Le mémorandum japonais relatif à la Corée et à la Mandchourie. — Le gouvernement russe fait traîner les négociations en longueur. — L'ultimatum du 7 février. — L'attaque de Port-Arthur. — Les péripéties de la guerre. — L'intervention du Président Roosevelt. — Les négociations pour la paix. — Le traité de Portsmouth.

Vers la fin de 1903, et après de premières négociations engagées sans résultat entre Tokio et Saint-Pétersbourg, relativement à la Corée et à la Mandchourie, le gouvernement japonais adressa au gouvernement russe un mémorandum dont voici l'analyse :

I. En ce qui concerne la Corée, le Japon ne peut permettre que la péninsule ou une partie de la péninsule tombe dans les mains d'une autre puissance, surtout dans celles de la Russie, pour les raisons suivantes :

1° Pour la sécurité du Japon et pour d'autres considérations politiques ;

2° A cause de la prépondérance des intérêts industriels et commerciaux du Japon dans la presqu'île.

II. En ce qui concerne la Mandchourie, le Japon ne peut pas permettre que la Mandchourie soit occupée d'une façon permanente par la Russie :

1° *A*. Parce que, à considérer cette affaire dans ses rapports avec la question coréenne, le Japon doit sauvegarder ses droits vitaux et légitimes en Corée ;

B. Parce qu'il est nécessaire d'éviter les menaces dangereuses au point de vue d'une invasion du Japon, que cette occupation constituerait ;

2° Parce que le Japon a en Mandchourie des droits reconnus par traités et des intérêts qu'il doit maintenir ;

3° Parce qu'il est nécessaire que le principe de la porte ouverte et celui de l'égalité soient maintenus et que ces principes seraient considérés comme en péril si la Mandchourie était abandonnée à l'occupation russe ;

4° Parce que le Japon, entre toutes les puissances, est tenu de maintenir l'indépendance de l'empire chinois ;

5° Parce que le prestige du Japon diminuerait aux yeux des Chinois s'il laissait faire la Russie, en dépit des engagements qu'il a pris vis-à-vis de la Chine.

Or, ce qui donnait à ce mémorandum une forme particulièrement grave, c'est qu'en réclamant l'évacuation de la Mandchourie et le maintien du *statu quo* en Corée et du principe de la porte ouverte dans le Nord de la Chine, le Japon s'appuyait sur l'esprit et la lettre de l'alliance anglo-japonaise, tels qu'ils sont définis par l'accord signé à Londres le 30 janvier 1902, dont nous avons reproduit les trois principaux articles.

Le gouvernement russe ne s'en inquiéta pas plus qu'il ne s'était inquiété de l'accord lui-même, ou des armements à outrance du Japon, et fit traîner les choses en longueur. Le gouvernement du Mikado, poussé par l'opinion publique japonaise, devint alors impératif et la presse anglaise, sans distinction de parti politique, ayant pris fait et cause pour les réclamations du Japon, parla ouvertement de la guerre qui se préparait. Le gouvernement russe, persuadé qu'il ne s'agissait que d'un *bluff* et se croyant bien renseigné sur les véritables intentions des Japonais, continua à faire la sourde oreille.

Le samedi, 26 décembre 1903, dans la discussion du budget des affaires étrangères au Sénat français, M. Delcassé déclara formellement *qu'à sa connaissance* — et il était, en effet, en contact permanent avec le gouvernement russe — rien ne permettait d'ajouter foi aux nouvelles alarmantes qu'on propageait à l'étranger.

Le *Times* (et avec lui toute la grande presse anglaise) accueillit avec déférence les affirmations rassurantes de notre ministre, mais il ajouta immédiatement que des renseignements puisés à bonne source lui donnaient une opinion contraire. Et le *Times* avait raison, puisque trois jours plus tard, le mardi, 29 décembre, une dépêche officielle de Tokio annonçait la publication de quatre décrets du gouvernement japonais en vue d'éventualités exceptionnelles. Le premier de ces décrets accordait, en effet, des crédits illimités au gouvernement pour la défense militaire ; le deuxième renforçait le contrôle officiel sur le chemin de fer de Séoul à Fusan ; le troisième remaniait l'organisation des quartiers généraux militaires impériaux en temps de guerre ; le quatrième créait un comité de la guerre pour le temps de la guerre.

Il paraissait donc incontestable que si, d'une part, la Russie désirait et espérait encore une solution pacifique du conflit, d'autre part, le Japon était bien décidé à ne lui faire aucune concession et, le cas échéant, à risquer la guerre.

Malgré ces actes significatifs, et toujours dominé par l'idée que les Japonais « ne faisaient tout ce bruit que pour obtenir le plus de concessions possibles en Corée », le gouvernement russe continua à opposer aux réclamations du Japon la force d'inertie qui lui avait si bien réussi jusqu'alors.

*
* *

Les choses traînèrent en longueur pendant

tout le mois de janvier 1904, mais le 7 février
suivant, après la remise d'un *ultimatum* auquel
le gouvernement russe ne répondit pas immédiatement, les Japonais prirent l'initiative d'une
rupture définitive et, sans autre avertissement,
leur flotte, dans la nuit du 8 au 9 février, attaqua Port-Arthur et torpilla deux grands cuirassés russes.

Il n'y avait, cette fois, plus de doute possible:
c'était bien la guerre et, dès le début des hostilités, on put se convaincre immédiatement que
si le Japon avait consacré tous ses efforts et employé toutes ses ressources à la préparer, la Russie,
n'ayant aucune idée d'agression à l'égard du
Japon ou de la Chine, et ne soupçonnant pas de
danger immédiat, n'était pas prête à soutenir la
lutte : il lui fallut à la hâte organiser sa défense
et envoyer ses armées par la longue voie du
Transsibérien... et on sait aujourd'hui les décep-
tions que ce mode de transport donna à l'état-
major russe.

Mettant à profit son avance, la flotte japonaise
concentra aussitôt ses efforts sur Port-Arthur
afin de détruire ou d'immobiliser les navires
russes et de conquérir la maîtrise de la mer.
Les tentatives de fermeture de la passe se mul-
tiplièrent ainsi que les attaques de vive force;
le 11 avril, le *Petropavlosk,* le plus puissant des
cuirassés de la marine russe, battant pavillon de
l'amiral Makaroff, atteint par une torpille, sauta
avec son équipage ; le 3 mai les Japonais réus-

sirent à obstruer complètement la passe en sacrifiant huit vapeurs-brûlots : ils avaient ainsi accompli la première partie de leur programme.

Pendant ce temps, les troupes japonaises, après avoir effectué sans peine un débarquement sur la côte orientale de Corée, et avoir installé leurs bases d'opération aux bouches même du Yalou, derrière lequel les Russes étaient massés avaient, le 30 avril, livré combat à l'armée du général Zassoulitch, qui formait l'avant-garde de Kouropatkine. Après trois journées de bataille, Zassoulitch fut vaincu et l'armée de Kuroki passa le Yalou pour aller occuper Feng-Hoang-Tcheng.

Il ne rentre pas dans le cadre de cette étude de parler longuement de cette guerre sanglante qui a exactement duré dix-neuf mois et qui a été marquée par des traits d'héroïsme dont les deux nations ont le droit d'être fières.

Nous devons cependant constater que, du côté japonais, l'état-major général et le commandement supérieur des forces de terre et de mer montrèrent, par leur habile direction, la hardiesse et la sûreté de leurs mouvements et leur esprit de décision, une science stratégique vraiment remarquable.

Ils s'étaient évidemment préparés de longue main à cette grande guerre de revanche, ils connaissaient donc à fond le terrain où les opérations allaient se dérouler et la maîtrise de la mer, acquise dès le début des hostilités, leur permit de ravitailler et de renforcer leurs armées et leur flotte absolument comme ils auraient pu le faire sur leur propre territoire.

D'autre part, nous nous sommes tous trompés en France sur l'importance des ressources militaires dont les Russes disposaient en Mandchourie vers la fin de l'année 1903, et sur les services réels que la voie unique du Transsibérien, interrompue par le lac Baïkal, devait leur rendre. On se rend compte, maintenant, que les conditions de la lutte étaient manifestement inégales et sans formuler de critiques inutiles à l'égard du grand état-major russe, on peut se demander pourquoi les hommes d'État qui gouvernaient alors la Russie, et qui n'ignoraient rien de ce qui se passait au Japon, n'ont pas cherché à s'entendre, coûte que coûte, avec le Mikado, au lieu de le laisser s'allier à l'Angleterre, et d'exposer ainsi la Russie à une guerre inévitable qui pouvait, d'un seul coup, lui faire perdre en Extrême-Orient les avantages extraordinaires d'une situation prépondérante qu'elle avait mis un si grand nombre d'années à conquérir?

Pour en finir avec ces événements malheureux, il nous suffira de rappeler que Port-Arthur, après une résistance de huit mois, dut capituler le 1er janvier 1905; le général Grippenberg, commandant de l'aile droite russe, prévoyant que le corps de siège commandé par Nogi allait apporter un puissant renfort aux Japonais, reprit l'offensive et attaqua Sandepou. Il fut battu par les Japonais le 23 février; ceux-ci engagèrent à leur tour l'offensive et commencèrent une série de batailles qui finirent le 10 mars, par la prise de Moukden.

Battus sur terre, les Russes reportèrent leur espoir sur la flotte de la Baltique qui, partie de Cronstadt le 10 octobre, sous les ordres de l'amiral Rodjesvensky, arrivait le 10 avril à Kamranh après un voyage fertile en incidents : On sait le triste sort qui l'attendait le 25 mai dans la mer du Japon ; le désastre de Tsoushima est encore présent à toutes les mémoires.

Malgré ce nouveau désastre, la Russie ne s'était pas avouée vaincue : le général Liniévitch remplaçant Kouropatkine s'employait sous Kharbine à reconstituer une nouvelle armée, mais cette lutte effroyable qui avait coûté tant de vies, qui avait failli provoquer une conflagration générale, qui avait amené les pires désordres en Russie, avait déjà trop duré et toutes les nations désiraient voir mettre fin à ces hécatombes monstrueuses.

*
* *

Ce fut le président Roosevelt qui prit l'initiative d'une démarche auprès des deux puissances. Le 8 juin 1905, il présenta aux Gouvernements japonais et russe une note les invitant à entrer en pourparlers pour conclure la paix. On ne crut guère d'abord au succès de cette tentative, mais le Président des Etats-Unis, avec une énergie qu'aucun obstacle ne put briser, sut se faire écouter à Saint-Pétersbourg comme à Tokio et, le 5 août, il recevait à Portsmouth M. Witte et le baron Komura, représentants des deux pays qui, munis de pleins pouvoirs, venaient discuter les bases de la paix.

Dès les premières entrevues, les Japonais firent connaître leurs conditions : elles étaient au nombre de 12 : Reconnaissance de l'influence prépondérante du Japon en Corée ; Obligation mutuelle d'évacuer la Mandchourie et, pour la Russie, obligation de rétrocéder à la Chine tous les privilèges spéciaux possédés par elle ; Obligation pour le Japon de rétablir la souveraineté et l'admistration chinoise en Mandchourie ; Obligation mutuelle de respecter l'intégrité territoriale et administrative de la Chine et le principe de la porte ouverte ; Cession de l'île de Sakhaline ; Cession des baux de la presqu'île de Leaotong, y compris Port-Arthur, Dalny et les îles Blonde et Elliott ; Cession à la Chine des chemins de fer orientaux chinois ; Régime à établir sur la partie de la ligne principale des chemins de fer sibériens passant à travers la Mandchourie septentrionale ; Remboursement au Japon des frais de guerre ; Droit de pêche sur la côte sibérienne au Nord de Vladivostok, dans la direction de la mer de Behring ; Limitation de la puissance navale russe en Extrême-Orient ; et Cession des navires de guerre russes internés dans les ports neutres.

On crut un moment que ces prétentions excessives ne permettraient pas de trouver un terrain d'entente. La discussion s'engagea cependant et huit des conditions ci-dessus énumérées furent admises en principe par la Russie ; mais c'étaient les moins importantes, car on avait décidé d'ajourner à la fin des négociations les clauses sur lesquelles il semblait impossible de s'entendre : c'est-à-dire la cession complète de l'île de Sakhaline ; le paiement d'une indemnité de guerre de trois milliards de francs ; la limitation de la puissance navale de la Russie en Extrême-Orient et la cession au Japon des navires de guerre russes internés dans les ports neutres.

La situation paraissait de nouveau sans issue, car les Russes déclaraient qu'ils ne céderaient pas un pouce de territoire et ne donneraient pas un kopeck. C'est alors qu'intervint le président Roosevelt : il obtint la renonciation immédiate des Japonais aux deux derniers articles et proposa une transaction : la Russie céderait Sakhaline et les Japonais leur en revendraient la moitié, mais la Russie n'accepta comme dernière concession que la cession de la moitié de Sakhaline et le remboursement des dépenses occasionnées pour l'entretien des prisonniers. Ce sont ces dernières conditions, ajoutées à celles qui avaient déjà été admises en principe par la Russie, que les représentants du Japon acceptèrent le 29 août.

*
* *

On a dit que c'était la situation financière dans laquelle le Japon se trouvait après dix-neuf mois de guerre qui avait décidé le Mikado et son conseil privé à se montrer conciliants à l'égard de la Russie. C'est fort probable, car si ce dernier pays avait eu le tort, à la fin de 1903, de ne pas être en état de se défendre en Mandchourie contre une agression japonaise, il avait au moins l'avantage de posséder des ressources suffisantes pour continuer la guerre.

Le Japon, au contraire, ayant l'idée bien arrêtée d'une revanche à prendre contre un puissant ennemi, avait eu, pendant huit années consécutives, l'unique préoccupation de constituer une armée et une marine assez fortes pour pouvoir entrer le plus tôt possible en lutte contre cet adversaire. Au lieu d'accepter les dépenses militaires comme une sorte de prime d'assurance contre les agressions, il les avait considérées comme les dépenses principales et sa situation financière avait dû forcément souffrir de cette conception.

Nous en avons une preuve évidente par un récent rapport du ministère des Finances japonais qui évalue à 1 982 millions de yens ou 5 120 millions de francs, l'ensemble des dépenses que la guerre a coûtées au Japon ; et sur cette énorme somme les emprunts figurent pour 1 555 millions de yens ou 4 017 millions de francs.

Si l'on observe que pendant l'année fiscale 1902-1903, les recettes ordinaires du budget japonais ne dépassaient pas 570 millions de francs, on comprendra sans peine que malgré le crédit qu'il avait trouvé en Angleterre et aux États-Unis, le gouvernement japonais eût le plus vif désir de terminer une lutte sanglante qui dévorait chaque mois 270 millions de francs au Trésor national.

Pour continuer la guerre il aurait fallu s'engager plus avant encore dans la voie des emprunts extérieurs, conclus avec des gages spéciaux à des taux de plus en plus élevés, et aggraver ainsi le poids déjà si lourd des charges d'ordre étranger qui pesaient sur le pays.

N'était-il pas plus sage de signer une paix qui laissait le Japon maître de la Corée, vaste contrée au sous-sol riche et inexploité, objet de ses constantes convoitises ; qui lui abandonnait Port-Arthur, le Leatong, la moitié méridionale de Sakhaline avec ses pêcheries ; qui lui permettait d'accroître son influence en Chine et d'y prendre définitivement cette prépondérance économique et politique que le traité de Simonosaki lui avait enlevée ; qui lui donnait la moitié méridionale du chemin de fer transmandchourien... et qui l'élevait enfin au rang tant désiré de grande puissance !

Cependant, l'annonce que le gouvernement japonais avait cédé sur la question de l'indemnité de guerre provoqua des troubles assez graves à Tokio. Un grand nombre de journaux protestèrent contre la paix de Portsmouth en prétendant que c'était la plus grande humiliation que le pays eût jamais subie et un mouvement populaire s'organisa pour empêcher la ratification impériale du traité provisoire.

Le 5 septembre l'agitation se transforma en émeute : la populace incendia la résidence du ministre de l'Intérieur et détruisit plusieurs postes de police et dix églises chrétiennes. L'état de siège fut immédiatement proclamé à Tokio et grâce aux mesures énergiques prises par le gouvernement pour rétablir l'ordre, et à une plus juste appréciation donnée par la presse sur les avantages réels que le traité de Portsmouth assurait finalement au Japon, le calme revint à Tokio et la populace ne songea plus qu'à fêter le retour de l'armée victorieuse.

En acceptant, contre le sentiment national, les seules conditions de paix qui étaient alors possibles, l'empereur Mutsuhito s'est comporté comme un souverain vraiment digne de ce nom et ses ministres ont agi en véritables hommes d'État. Nous pouvons ajouter qu'ils ont ainsi servi les grands intérêts de leur pays d'une manière beaucoup plus efficace que si leur acte n'avait point rencontré d'opposition, car, grâce à leur énergie clairvoyante, le Japon a donné au monde un exemple de courage civique dont peut-être aucun pays de race blanche ne serait plus capable aujourd'hui.

IV

Le commerce extérieur japonais.

*Développement du commerce extérieur japonais de 1875 à 1905.
— La guerre de 1904-1905 n'a pas ralenti ce développement.
— Échanges avec les principales nations. — Transformation
économique du Japon entre 1880 et 1904. — Exportation
des produits japonais. — Importations étrangères par catégorie
de marchandises.*

Pour étudier la situation économique et financière d'un pays neuf, tel que le Japon actuel, il nous faut d'abord examiner avec soin les mouvements de son commerce extérieur parce que la progression et la nature de ses échanges avec l'étranger pourront nous donner une première idée du développement de sa production indigène.

Voici, en premier lieu, un tableau[1] résumant les exportations et les importations commerciales japonaises, depuis 1875 jusqu'à nos jours :

---

[1]. Tous les chiffres qui vont suivre sont en *yens* d'or dont la réforme monétaire japonaise de 1897 a fixé la valeur à 2 fr. 583. En 1875 le *yen d'argent* valait environ 5 francs.

Commerce extérieur du Japon de 1895 à 1905 inclusivement.
(En milliers de yens de 2 fr. 58.)

ANNÉES	EXPOR- TATIONS	IMPOR- TATIONS	BALANCE COMMERCIALE	COMMERCE TOTAL	
				VALEUR	PAR TÊTE D'HABIT.
					yens.
1875. .	18 611	29 976	— 11 365	48 587	1 43
1880. .	28 395	36 627	— 8 232	65 022	1 80
1885. .	37 147	29 357	+ 7 790	66 504	1 76
1890. .	56 603	81 729	— 25 126	138 332	3 42
1895. .	136 112	129 261	+ 6 851	265 373	6 28
1900. .	204 430	287 262	— 82 832	491 692	10 97
1901. .	252 349	255 817	— 3 468	508 166	11 16
1902. .	258 303	271 731	— 13 428	530 034	11 51
1903. .	289 502	317 136	— 27 634	606 638	12 99
1904. .	319 264	371 361	— 52 100	680 622	14 58
1905. .	321 534	488 538	— 167 004	810 072	16 88

Si nous considérons l'ensemble du commerce extérieur japonais par période quinquennale nous constatons qu'il a progressé de 15 435 000 yens pendant la période 1875-1880 ; de 1 482 000 yens pendant la période 1880-1885 ; de 71 828 000 yens pendant la période 1885-1890 ; de 127 041 000 yens pendant la période 1890-1895 ; de 226 319 000 yens pendant la période 1895-1900, et enfin de 318 millions 380 000 yens pendant la dernière période 1900-1905, malgré la guerre russo-japonaise qui a duré pendant toute l'année 1904 et plus de la moitié de l'année 1905.

C'est une progression qui ne se retrouve ni aux Etats-Unis, ni dans aucun pays de l'Europe et elle indique déjà le prodigieux développement économique et financier dont le Japon a bénéficié surtout depuis sa guerre victorieuse contre la Chine (1894) qui lui a ouvert les marchés de l'Extrême-Orient.

En 1895, que nous prendrons comme date de comparaison, le commerce extérieur japonais représentait 6 yens 28 ou 16 fr. 20 par tête d'habitant. En 1905 cette moyenne annuelle s'élève à 16 yens 88 ou 43 fr. 55 par habitant. Or, il est à observer que pendant toute cette période décennale aucun arrêt ne s'est produit dans l'augmentation de cette moyenne annuelle et que les années de guerre 1904 et 1905 sont en forte progression sur l'année 1903 qui avait été considérée cependant comme une année très favorable, tant pour les exportations que pour les importations.

De sorte que, grâce à la mise hors de combat de la flotte russe, dès le début des hostilités, les Japonais ont pu commercer avec l'étranger pendant toute la durée de la guerre, absolument comme si cette guerre n'avait pas eu lieu.

La maîtrise de la mer a donc eu, au point de vue économique et financier, une grande importance pour le Japon car elle lui a permis d'acheter au dehors, sans grande augmentation de prix, le supplément de produits alimentaires et les articles spéciaux nécessités par la guerre et de payer ces achats extraordinaires avec la production indigène qui ne s'est pas sensiblement ralentie pendant toute la durée des hostilités.

L' « *Annuaire financier et économique du*

Japon » publié chaque année à Tokio par les soins du ministère des Finances, donne pour l'année 1905 l'appréciation suivante :

« Un examen attentif permettra de constater qu'une augmentation aussi énorme d'importations est due, en grande partie, à la guerre qui, en 1905, se mit à exercer une influence des plus marquées sur la situation économique du pays.

« La demande toujours croissante pour les approvisionnements militaires, au fur et à mesure que se développait la marche de la guerre, les achats de matières premières par le gouvernement et par les manufactures privées activement engagées dans la livraison de fournitures pour l'armée, le ravitaillement du marché intérieur, malgré la bonne récolte de riz de l'automne précédent, la chute de Port-Arthur, la grande victoire navale de la marine japonaise sur la flotte russe de la Baltique, l'émission d'emprunts sur les marchés extérieurs et, enfin, le rétablissement de la paix, furent, en 1905, les facteurs de l'immense accroissement des importations et de leur prépondérance, sans précédent, sur les exportations.

« Quant aux exportations, en dépit de l'absence d'un nombre considérable d'hommes vigoureux qui se trouvaient sur les champs de bataille, et bien que la population eût à pourvoir d'approvisionnements une armée immense en territoire d'outre-mer, le pays a été capable d'expédier sur les marchés extérieurs une quantité de marchandises manufacturées plus grande que précédemment et — tout en payant des impôts extraordinaires de guerre — il a été à même de faire des achats plus considérables à l'étranger. »

Commerce extérieur japonais avec les principaux pays
Années 1895 et 1905.

(Milliers de yens.)

PRINCIPAUX PAYS	EXPORTATIONS JAPONAISES			IMPORTATIONS AU JAPON		
	1895	1905	DIFFÉR. en 1905	1895	1905	DIFFÉR. en 1905
Chine .	9 135	98 682	+ 89 547	22 985	52 618	+ 29 633
Inde angl.	4 359	7 998	+ 3 639	12 002	90 227	+ 78 225
Hong-Kong.	18 363	20 215	+ 1 852	8 078	1 129	— 6 949
Corée .	3 831	26 619	+ 22 788	2 925	6 151	+ 3 226
Angleterre.	7 883	13 039	+ 5 156	45 172	115 380	+ 70 208
France . .	22 006	27 227	+ 5 221	5 180	5 129	— 51
Allemagne.	3 340	4 360	+ 1 020	12 233	42 580	+ 30 347
Italie .	3 551	8 095	+ 4 544	148	502	+ 354
Belgique.	132	666	+ 534	2 066	11 002	+ 8 936
Etats-Unis d'Amér.	54 029	94 009	+ 39 980	9 276	104 287	+ 95 011
Australie.	1 281	4 073	+ 2 792	1 032	6 001	+ 4 969
Pays divers	8 202	16 551	+ 8 349	8 161	53 532	+ 45 368
TOTAUX.	136 112	321 534	+ 185 422	129 261	488 538	+ 359 277

En 1895, l'année du traité de Simonosaki, le Japon exportait 9 135 000 yens de marchandises en Chine et 3 831 000 yens en Corée : soit au total 12 966 000 yens. En 1905, malgré la guerre contre la Russie qui a duré jusqu'au mois d'août, les exportations japonaises en Chine et en Corée se sont élevées respectivement à 98 682 000 et 26 619 000 yens, c'est-à-dire à une somme totale de 125 301 000 yens représentant une augmentation de 112 335 000 yens ou 290 millions de francs, par rapport à l'année 1895.

Cet accroissement prouve donc que la guerre

victorieuse contre la Chine fut pour le Japon, nonobstant l'intervention de la Russie, un grand événement économique dont nous examinerons plus loin les conséquences.

Après la Chine, c'est dans les Etats-Unis de l'Amérique du Nord que le Japon a envoyé le plus de produits, mais le tableau ci-dessus démontre également que ce sont les Etats-Unis qui ont le plus profité du réveil économique de l'Empire du Soleil levant, car, entre 1896 et 1905, les importations américaines au Japon sont passées de 9 276 000 à 104 287 000 yens.

En 1895, la balance des échanges entre le Japon et les Etats-Unis se traduisait par un excédent en faveur du Japon de 44 753 000 yens. En 1905, au contraire, les Japonais ont envoyé aux Etats-Unis 94 009 000 yens de produits, contre 104 287 000 yens d'importations américaines au Japon et la balance s'est établie par un excédent de 10 278 000 yens en faveur des Etats-Unis, tandis qu'en 1895, c'était le Japon qui avait la balance favorable avec un excédent d'exportations aux Etats-Unis de 44 millions 753 000 yens. On s'explique ainsi qu'il y ait eu quelque ingratitude de la part des Californiens à vouloir exclure les enfants japonais de leurs écoles.

Ce petit incident — auquel le bon sens et l'esprit de justice du président Roosevelt ont enlevé toute gravité diplomatique — servira encore les intérêts économiques du Japon en Extrème-

Orient car les Américains, déjà boycottés par les Chinois, n'y sont pas aimés et on peut être certain que les Japonais s'emploieront désormais à les faire exécrer par tous les peuples de race jaune.

Les Indes anglaises, l'Angleterre et l'Allemagne ont largement profité, entre 1895 et 1905, des nouvelles demandes du Japon ; mais il faut cependant observer qu'à part le coton et les machines-outils, les fournitures de guerre ont fortement contribué à relever leurs chiffres de 1905.

Pendant cette période décennale la France a augmenté de 5 221 000 yens ses achats au Japon alors que les importations japonaises, d'origine française, ont, en 1905, diminué de 51 000 yens par rapport aux importations de 1895. La vérité nous oblige à dire que le Japon a surtout besoin d'articles dont la France est elle-même tributaire de l'étranger.

*
* *

En remontant jusqu'à 1873, on constate que pendant cette période de 32 années, les exportations japonaises ont progressé de 34 fois pour l'Asie, de 23 fois pour les deux Amériques et seulement de 5 fois pour l'Europe. Cela s'explique par le fait que le commerce japonais a atteint avec l'Europe un développement relativement élevé dès l'ouverture du Japon tandis que les demandes de la Chine, de la Corée et des divers pays de l'Amérique ne se sont produites qu'après la création de l'industrie japonaise.

Le petit tableau suivant nous donnera d'ailleurs une idée très nette de la rapidité avec laquelle le Japon a su transformer son ancien régime économique :

Transformation économique du Japon.

	1880	1895	1905
Production houillère (tonnes).	600 000	4 811 000	11 593 292
Usines et ateliers à vapeur (nombre).	24	1 287	4 335
Force motrice de ces usines (chevaux-vapeur).	1 500	49 778	198 659
Chemins de fer en exploitation (kilomètres).	158	3 687	7 693

Ajoutons que le tonnage de la marine marchande à vapeur japonaise, qui ne dépassait pas 100 000 tonneaux de jauge en 1890, s'élevait déjà à 373 588 tonneaux en 1896, pour atteindre finalement 939 594 tonneaux en 1905.

C'est à partir de l'année 1886 que le développement de l'industrie japonaise exerça une sérieuse influence sur le commerce extérieur du pays. De 1875 à 1885, l'ensemble des exportations et des importations avait oscillé entre 50 millions et 67 millions de yens. Le chiffre de

1885 avait été exactement de 66 504 000 yens.
En 1890, il s'élevait à 138 332 000 yens et nous
le trouvons à 177 970 000 yens en 1893, année
qui précéda la guerre sino-japonaise.

Cette guerre victorieuse eut, ainsi que nous
l'avons déjà dit, une très grande importance
économique pour le Japon, puisqu'elle lui permit — grâce à des négociations fort intelligem-
ment conduites par sa jeune diplomatie — de
s'affranchir du privilège de l'exterritorialité
qu'il avait dû accorder aux nations étrangères
au moment de l'ouverture de ses ports.

Les nouveaux traités consacrant la suppression de l'exterritorialité, et celle des tribunaux
consulaires et des municipalités étrangères dans
les ports ouverts qui en étaient la conséquence,
ont été mis en vigueur depuis 1899... mais les
étrangers n'ont pas obtenu le droit de possession
des terres. Ils ont la faculté de commercer librement sur tous les points du territoire en se conformant aux lois du Japon... mais ils ne peuvent
encore y devenir propriétaires dans le vrai sens
du mot.

En 1897, deux ans après la signature du traité
de Simonosaki, l'ensemble du commerce extérieur japonais atteignait 382 millions de yens,
ce qui revient à dire qu'il avait augmenté de
215 pour 100 par rapport au chiffre de 1893 et de
575 pour 100 par rapport au chiffre de 1885.

Mais nous savons que la progression s'est continuée pendant les années suivantes, puisque le commerce total de 1905 a dépassé 810 millions de yens, chiffre quatre fois et demi plus élevé que celui de 1893.

Commerce extérieur japonais par catégories de marchandises

(En milliers de yens.)

A. — EXPORTATION

CATÉGORIES DE MARCHANDISES	1895	1900	1905	DIFFÉRENCE en 1905 sur 1895
Thé vert	8 452	8 105	10 004	+ 1 552
Saké clarifié	415	550	4 982	+ 4 567
Cuivre brut et raffiné	5 158	12 726	16 048	+ 10 890
Soies grèges	47 866	44 657	71 844	+ 23 978
Déchets de soie	2 863	4 161	6 233	+ 3 370
Pongées	8 354	18 315	28 673	+ 20 319
Coton filé	1 034	20 589	33 246	+ 32 212
Toiles de coton	»	4 367	8 928	+ 8 928
Cigarettes	116	716	3 092	+ 2 976
Charbon de terre	5 409	13 704	14 268	+ 8 859
Tabletterie	1 520	3 318	5 255	+ 3 735
Allumettes chimiques	4 673	5 761	10 361	+ 5 688
Paillassons et nattes	3 461	3 227	5 087	+ 1 626
Porcelaines et faïences	1 955	2 472	5 324	+ 3 369
Tresse de paille	1 388	4 025	3 827	+ 2 439
TOTAL	92 664	145 693	227 172	+ 134 508
Marchandises diverses	43 448	58 737	94 362	+ 50 914
TOTAL GÉNÉRAL	136 112	204 430	321 534	+ 185 422

A dix ans d'intervalle, les exportations japonaises ont augmenté de 185 422 000 yens, soit environ 130 pour 100. Ce sont les filés de coton, les soies et les pongées qui tiennent la tête ; mais ce qui a surtout grossi le total des envois à l'étranger, c'est la production de la petite industrie, dont quelques articles figurent dans le tableau ci-dessus et dont le plus grand nombre est compris dans la rubrique *Marchandises diverses*.

Nous verrons, dans les chapitres suivants (Industrie et Agriculture), les conditions actuelles de la production japonaise et les progrès vraiment extraordinaires qu'elle a réalisés depuis une dizaine d'années. Pour le moment, contentons-nous de dire que les Nippons fabriquent à peu près tous les articles que l'Europe et l'Amérique leur fournissaient exclusivement autrefois, y compris les montres, les pendules, les appareils électriques, les locomotives et les bateaux à vapeur.

** * **

Cependant, l'outillage japonais n'est pas encore en état de produire tous les objets dont la consommation indigène a besoin. Malgré le développement de la production sidérurgique, houillère, agricole et pétrolifère, dont nous parlerons plus loin, le Japon — eu égard à l'augmentation considérable de sa population et à l'accroissement de son bien-être — est obligé d'acheter encore beaucoup de marchandises à l'étranger.

En voici le détail par principales catégories :

Commerce extérieur japonais par catégorie de marchandises

(En milliers de yens.)

B. — IMPORTATION

CATÉGORIES DE MARCHANDISES	1895	1900	1905	DIFFÉRENCE en 1905 sur 1895
Machines diverses.. . .	3 492	3 213	12 324	+ 8 832
Farines.	407	3 883	9 951	+ 9 544
Fèves.	2 555	4 425	9 830	+ 7 275
Riz.	4 357	9 022	47 981	+ 43 624
Froment.	8	692	4 012	+ 4 004
Sucres..	4 382	26 607	13 706	+ 9 324
Pétrole	4 304	14 163	12 061	+ 7 757
Cuirs.	1 194	1 641	10 446	+ 9 252
Fers et aciers. . . .	7 695	25 424	32 269	+ 24 574
Coton égrené. . . .	24 305	58 500	109 260	+ 84 955
Laines..	2 088	5 718	13 498	+ 11 410
Draps.	3 120	5 407	21 429	+ 18 309
Houille	853	2 100	5 465	+ 4 612
Tourteaux.	946	5 723	11 360	+ 10 414
Bateaux à vapeur.. .	4 701	2 648	7 660	+ 2 959
TOTAL.	64 407	169 166	321 252	+ 256 845
Marchandises diverses. .	63 854	118 096	167 286	+ 102 432
TOTAL GÉNÉRAL. . .	129 261	287 262	488 538	+ 359 277

La plus grosse augmentation enregistrée par le tableau précédent porte sur le coton brut : 109 260 000 yens en 1905 contre 24 305 000 en 1895. C'est une des preuves les plus certaines du développement de l'industrie cotonnière au Japon. En effet, pour ne parler que des filés de coton, le Japon, en 1895, en avait importé 7 083 000 yens et exporté 1 034 000 yens, soit une différence de 6 049 000 yens au détriment de ses filatures. En 1905, au contraire, l'exportation des

filés de coton s'est élevée à 33 246 000 yens contre une importation d'à peine 1 702 000 yens. Les
filateurs japonais ont donc affranchi leur pays
du tribut qu'il payait aux filateurs étrangers, et
ils sont allés eux-mêmes leur faire une concurrence redoutable sur tous les marchés de l'Extrême-Orient.

Après le coton égrené ou brut, la plus grosse
augmentation d'importation revient au riz :
47 981 000 yens en 1905 contre 4 357 000 yens en
1895. Mais il ne faut pas oublier que, pendant
l'année 1905, le gouvernement japonais a dû
acheter, pour la subsistance de ses armées de
Mandchourie et de Corée, des approvisionnements
considérables à l'étranger.

Il en a été de même pour l'année 1904, au cours
de laquelle la valeur du riz importé s'éleva à
59 792 000 yens, et pour l'année 1903 (51 160 000
yens), qui fut à la fois affectée par les préparatifs
de la guerre et par la très mauvaise récolte de
l'année 1902.

Si nous examinons les résultats des trois années précédentes, 1902, 1901 et 1900, nous constatons que, déduction faite des exportations, les
importations nettes du riz au Japon ont été, en
moyenne, de 7 162 000 yens par année.

Après le coton et le riz viennent les machines
diverses, fers et aciers et bateaux à vapeur, qui,
groupés, donnent, en 1905, une augmentation
de 36 365 000 yens : c'est la preuve que l'outil-

lage industriel japonais continue à se développer... Et, s'il ne fallait pas tenir compte des envois alimentaires faits aux armées en campagne, nous dirions aussi que l'augmentation des importations de farines, de fèves, de froment, de sucre, de pétrole, de cuirs, de laines et de draps prouve que les conditions d'existence de la population japonaise sont en voie de sérieuse amélioration.

Quant aux 11 360 000 yens de tourteaux que les agriculteurs japonais ont achetés à l'étranger en 1905 contre seulement 946 000 yens en 1895, ils démontrent, à n'en pas douter, que les anciens procédés de culture en usage sous le Japon féodal sont en train de disparaître pour faire place aux méthodes nouvelles importées d'Europe et d'Amérique, que le gouvernement du Mikado s'efforce de vulgariser depuis une dizaine d'années, grâce à un enseignement pratique et rationnel et au fonctionnement d'un crédit agricole parfaitement organisé.

Au point de vue douanier, le Japon a, comme la France, deux tarifs : un tarif général, qui est protecteur à très haute dose, et des tarifs conventionnels, à base plus modérée pour certains articles spéciaux et qui sont appliqués à la France, à l'Allemagne et à la Grande-Bretagne.

Le Japon a aujourd'hui des traités de commerce avec presque tous les pays du monde civilisé, et il a dans tous ces pays, par réciprocité, le traitement de la nation la plus favorisée en matière de tarifs douaniers.

Pour les tarifs conventionnels, les droits d'entrée au Japon sont payables *ad valorem* et se calculent d'après le prix des marchandises dans les contrées d'achat, de production ou de fabrication, en y ajoutant, avec les frais de commission, s'il y en a, le coût de l'assurance et du transport du pays d'origine au port de débarquement.

Les vins français non mousseux n'excédant pas 16° d'alcool pur payent à la douane japonaise — d'après le tarif conventionnel applicable à la France seulement — 1 yen 242 par hectolitre ou 3 fr. 20 s'ils sont en barrique ; s'ils sont en caisse de 12 bouteilles contenant plus d'un demi-litre, mais pas plus d'un litre, chaque caisse paie 0 760 yens, soit environ 0 fr. 20 par bouteille ; quant au champagne, son tarif douanier est de 1 yen 550 par caisse de 12 bouteilles, c'est-à-dire 0 fr. 40 par bouteille.

D'après les derniers renseignements que nous venons de recevoir de Tokio, la statistique officielle du commerce extérieur japonais de l'année 1906 donne les résultats suivants :

	1906	1905
	Yens.	Yens.
Importations totales (marchandises). . .	418 803 000	488 538 000
Exportations — — . . .	423 669 000	321 534 000
Commerce total.	842 472 000	810 072 000

Ces chiffres constituent une amélioration des plus

importantes pour la situation économique et financière du Japon, car tandis que les exportations progressaient de 102 135 000 yens par rapport à l'année précédente, les importations diminuaient au contraire de 86 403 000 yens, laissant finalement un excédent net d'exportations de 4 866 000 yens, alors qu'en 1905 l'excédent des importations sur les exportations avait atteint la somme énorme de 167 004 000 yens.

L'augmentation des exportations provient surtout de la soie brute dont les envois à l'étranger sont passés de 71 844 000 yens en 1905 à 110 443 000 yens en 1906, soit une plus-value nette de 38 599 000 yens. Puis sur les articles suivants qui ont progressé de : cuivre brut et raffiné : 9 057 000 yens ; tissus de soie : 5 333 000 yens ; tissus de coton : 4 123 000 yens ; filés de coton : 2 058 000 yens ; houille : 2 012 000 yens, etc., etc...

Quant à la diminution des importations, elle porte surtout sur le riz et les légumes secs (grâce à une bonne récolte indigène), sur le coton brut et les articles manufacturés.

V

L'agriculture.

La nature du sol, au Japon, n'est pas des plus favorables à l'exploitation agricole. Certes, il faut reconnaître que les terrains d'origine volcanique y sont, comme partout ailleurs, très productifs, mais leur superficie y est relativement peu considérable.

D'autre part, avec la configuration du pays à relief très élevé, les grandes plaines d'alluvions font défaut. Les Japonais ont apporté tous leurs soins à remédier à l'ingratitude de la nature. Ils n'ont laissé dans la plaine aucune portion inutilisée ; ils ont réussi même, grâce à des travaux pénibles, nécessitant souvent une patience merveilleuse, à défricher les flancs des montagnes jusqu'à une altitude où la végétation naturelle ne serait plus possible.

Les sommets boisés ne sont pas rares au centre de l'Empire ; mais ce sont surtout les îles septentrionales qui sont riches en forêts. Celles-ci, qui couvrent une superficie de 7 162 367 chô (6 803 170 hectares), sont d'ailleurs protégées d'un abatage immodéré par une loi forestière en vigueur depuis 1897.

Parmi les productions assez nombreuses que les Japonais retirent de leur sol, nous citerons tout d'abord le riz, qui constitue le fond de la nourriture japonaise, et qui, sur une surface imposée totale de 13 981 688 chô (13 865 129 hectares), occupait à lui seul en 1906 une superficie de 2 899 239 chô.

Voici, d'après les statistiques officielles, quelles ont été les surfaces en culture avec les récoltes de riz correspondantes durant la décade 1896-1906 :

Production du riz au Japon.

ANNÉES	SUPERFICIE	PRODUCTION TOTALE
	(Chô = 99 ares 17)	(Koku = 1 hectol. 80)
1896.	2 792 499	36 240 351
1897.	2 787 181	33 039 293
1898.	2 817 624	47 387 666
1899.	2 839 550	39 698 258
1900.	2 828 460	41 466 422
1901.	2 857 357	46 914 434
1902.	2 847 192	36 932 266
1903.	2 864 139	46 473 298
1904.	2 880 715	51 430 221
1905.	2 881 589	38 172 560
1906.	2 899 239	46 326 434

On voit que la récolte de 1904 a été la plus

belle que le Japon ait produite jusque-là, avec 51 430 221 kokus, soit un peu plus de 92 millions 1/2 d'hectolitres, dépassant sensiblement la célèbre récolte de 1898, qui n'avait atteint que 47 387 666 kokus.

Nous avons fait remarquer, au chapitre du Commerce extérieur, que, malgré cette abondance exceptionnelle, les exportations avaient subi un ralentissement très appréciable, alors qu'il y a eu augmentation des importations du riz de moindre qualité de l'étranger. Nous avons dit aussi que cet état de choses était attribuable en partie aux envois considérables qui ont été effectués aux armées de Mandchourie : le riz japonais étant très supérieur, comme qualité et comme valeur nutritive, à celui du continent, a servi exclusivement à l'alimentation des troupes en campagne.

Mais il est également d'autres raisons dont l'influence ne saurait être mise en doute. C'est, par exemple, l'aisance où se trouvaient les cultivateurs, grâce à deux années exceptionnellement prospères. N'étant pas pressés de vendre toute leur récolte, ils l'ont conservée en attendant une hausse plus accentuée des prix, et pour leur consommation personnelle, ils ont acheté du riz d'importation, vendant pour cela leur avoine et leur orge à des prix rémunérateurs. Le cours du riz a pu atteindre ainsi, à la fin de 1904, un taux de 1,80 yen par koku, supérieur à celui de la fin de 1903. Il convient de citer encore la constitution de vastes approvisionnements de riz en prévision du droit d'importation extraordinaire de 15 pour 100 *ad valorem,* qui a été établi sur ce produit en 1905.

Parmi les pays qui ont restreint leurs achats de riz en 1904, vient en première ligne la **R**ussie d'Asie, avec 17 621 yens, contre 449 765 en 1903, différence que l'état de guerre explique suffisamment. En ce qui concerne les États-Unis, il est à remarquer que leurs demandes, qui atteignaient encore 1 571 408 yens en 1899, n'ont cessé de décroître chaque année pour tomber à 333 135 yens en 1904, et même à 281 783 yens en 1905. Cette diminution continue s'explique par les progrès qu'a réalisés cette culture dans le Texas et dans la Louisiane, le prix du riz de ces États étant sensiblement inférieur à celui du riz japonais. Les Américains ont, d'ailleurs, ménagé habilement la transition en opérant des mélanges des deux espèces ; et, maintenant, les Japonais eux-mêmes, établis à San-Francisco, consomment du riz américain.

*
* *

Parmi les autres céréales qui sont cultivées au Japon, les principales sont : l'orge, le seigle et le froment.

Le tableau suivant donne, pour ces trois céréales, les superficies cultivées et les récoltes correspondantes en 1895 et 1904 :

Production de céréales.

ANNÉES	ORGE	SEIGLE	FROMENT
	(Koku.)	(Koku.)	(Koku.)
1895.	8 541 122	7 017 777	3 978 941
1900.	8 667 198	7 433 603	4 255 628
1901.	8 988 974	7 293 867	4 375 376
1902.	8 146 047	6 325 082	3 954 497
1903.	7 462 220	4 207 497	1 875 388
1904.	8 927 025	6 856 232	3 858 991
1905.	8 539 445	6 594 882	3 601 532
1906.	9 445 238	6 957 932	3 962 265

La répartition de ces cultures n'a pas varié beaucoup au cours des douze dernières années. Par contre, il convient de signaler une augmentation très sensible, entre 1902 et 1905, des importations de froment (240 050 yens en 1902 et 4 012 092 en 1905) et de farines (3 278 324 yens en 1902 et 9 951 367 en 1905). Ces augmentations d'importations — nous l'avons déjà dit dans le précédent chapitre — ont été simplement provoquées par la guerre contre la Russie car, en temps ordinaire, la population japonaise mange surtout du riz. On ne consomme du pain que dans les villes et encore c'est une exception à la règle.

Voici, maintenant, quelques statistiques se rapportant à un certain nombre de produits que l'on rencontre également sur le sol japonais. Nous avons pris, comme termes de comparaison, les chiffres relatifs aux deux années 1895 et 1904 :

Productions agricoles diverses.

	1895		1905	
	SUPERF. cultivée.	PRODUCTION	SUPERF. cultivée.	PRODUCTION
	(Chô.)	(Koku.)	(Chô.)	(Koku.)
Daïzou (sorte de fève).	431 240	3 163 683	458 733	3 261 881
Adzouki (sorte de lentille). . . .	105 631	615 675	125 696	804 485
Millet italien.. .	247 277	2 331 506	205 104	1 829 027
Millet. . . .	26 295	243 066	32 650	364 969
Sarrasin.. . .	175 992	1 192 377	164 435	1 119 108
Colza.. . . .	158 858	969 917	141 439	1 018 644
		(Kwan)		(Kwan)
Patates douces. .	340 797	711 813 132	247 328	651 678 486
Pommes de terre.	23 314	44 273 903	51 042	117 969 598
Coton non égrené.	55 541	10 488 569	12 204	2 145 625
Chanvre.. . . .	22 050	3 366 784	13 350	2 185 425
Indigotier. . . .	49 079	17 373 344	18 725	7 254 033

On voit, d'après ce tableau, que la culture des patates douces tend à diminuer, tandis que celle des pommes de terre a presque triplé en l'espace de dix ans. Il convient de signaler également une décroissance très prononcée de la superficie cultivée en ce qui concerne quelques cultures industrielles, comme le coton, le chanvre et l'indigo.

La culture maraîchère est très avancée au Japon ; on trouve en abondance les primeurs et les fruits dans les environs des grandes villes.

Le thé donne lieu à un commerce important. Cependant, et bien que les prix aient considérablement augmenté au cours de ces dernières années, la superficie consacrée à cette culture n'a cessé de décroître. C'est à ce point même que le gouvernement japonais a dû, à partir de 1897, accorder une subvention annuelle pour développer la culture et l'exportation de ce produit. Mais les résultats ne semblent pas avoir répondu à son attente. En effet, la surface plantée en thé était, en 1896 (avant la subvention), de 59 479 chô, alors qu'en 1905, elle avait diminué d'un sixième, et qu'elle n'était plus que de 49 552 chô.

La décroissance de la production n'est pas moins significative, ainsi que le montre le tableau suivant :

Production du thé au Japon.

ANNÉES	PRODUCTION DU THÉ	ANNÉES	PRODUCTION DU THÉ
	(Kwan = 3 kil. 75.)		(Kwan = 3 kil. 75.)
1896. . . .	8 500 393	1901. . . .	7 010 337
1897. . . .	8 471 956	1902. . . .	6 783 428
1898. . . .	8 441 718	1903. . . .	6 711 112
1899. . . .	7 518 884	1904. . . .	7 051 025
1900. . . .	7 612 188	1905. . . .	6 798 113

Dans ces conditions, on conçoit que la *Central Tea Association* qui, de 1897 à 1902 inclusivement, avait reçu une subvention annuelle de 70 000 yens, se soit vu supprimer cet encouragement. En 1903, ce syndicat reçut encore 35 000 yens, mais, en 1904, le gouvernement, prétextant les dépenses de guerre, supprima complètement la subvention. Il est certain que le Japon pourrait, par cette culture et par le commerce qui en résulte, obtenir de meilleurs résultats. En premier lieu, les cultivateurs devraient, paraît-il, faire un meilleur choix des espèces ; en second lieu, les brûleurs de thé devraient soigner davantage la manipulation et la préparation et songer qu'ils ont à lutter, sur le marché des États-Unis, avec les producteurs de l'Inde et de Ceylan. C'est, d'ailleurs, dans ce but que des expériences sont faites, dans les fermes nationales d'essais, relativement aux plants de thé, aux méthodes de la préparation et à l'économie de l'industrie du thé.

*
* *

La canne à sucre ne rencontre pas, au Japon, des conditions d'existence aussi favorables que le thé. Ce n'est guère, en effet, que dans quelques terres basses de la région méridionale que la chaleur est assez forte pour en permettre la culture facile.

Le tableau suivant donne, pour les quatre dernières années dont on possède actuellement des statistiques officielles, la production totale de sucre (raffiné et non raffiné) :

ANNÉES	SUCRE PRODUIT	ANNÉES	SUCRE PRODUIT
	(Kin = 0 kil. 6.)		(Kin = 0 kil. 6.)
1901.. . . .	57 080 000	1903. . . .	284 165 000
1902.. . . .	199 370 000	1904. . . .	165 810 004

On remarquera les variations importantes enregistrées par les chiffres de la production pendant les quatre années considérées : Passant de 57 millions de kins (34 248 tonnes) en 1901, à 199 millions (119 622 tonnes) en 1902, elle est arrivée en 1903 à 284 millions de kins (170 500 tonnes) pour retomber à 166 millions de kins (99 485 tonnes) en 1904.

Quoi qu'il en soit, la production indigène est loin de suffire à la consommation et, chaque année, le Japon se trouve dans l'obligation d'en demander à l'étranger pour des sommes importantes. Il est toutefois intéressant de signaler les fluctuations qui se sont également produites dans les chiffres de ces importations, au cours de ces dernières années, ainsi que le montre le tableau suivant :

ANNÉES	VALEUR du SUCRE IMPORTÉ	ANNÉES	VALEUR du SUCRE IMPORTÉ
	(Yens.)		(Yens.)
1900. . . .	26 606 528	1903. . . .	20 966 031
1901. . . .	34 493 367	1904. . . .	23 043 008
1902. . . .	14 467 814	1905. . . .	13 706 187

Il convient de noter que la faiblesse des importations de sucre en 1902 s'explique par l'augmentation sensible de la production indigène, qui avait plus que triplé, et aussi par ce fait qu'en 1901, une quantité considérable de ce produit avait été importée en prévision de la nouvelle taxe de 2,80 yens par picul, au lieu de 1 yen qui, à partir du 1er octobre de la même année, devait grever cette marchandise à l'entrée. La production de 1905, dont nous ne connaissons pas encore le chiffre, a été sensiblement meilleure que celle de 1904 : d'où une importation moindre.

A l'heure actuelle, il existe au Japon 7 fabriques ou raffineries de sucre, dont 3 usines à vapeur. La raffinerie d'Osaka semble être notamment assez prospère.

Le tabac est également l'objet d'une culture importante. Voici en effet, avec la superficie cultivée, la production pendant ces dernières années :

Produits du tabac japonais.

ANNÉES	SUPERFICIE CULTIVÉE	TABAC PRODUIT
	(Chô = 99 ares 1735.)	(Kwan = 3 kil. 75.)
1900.	37 469	13 315 291
1901.	22 903	8 484 374
1902.	23 946	8 343 505
1903.	30 076	11 506 790
1904.	32 577	12 803 864
1905.	32 394	10 877 475

Par une loi qui date du mois de mars 1904, le gouvernement s'est réservé le monopole de la manufacture du tabac.

Cette loi est exécutoire depuis le mois de juillet 1904, en ce qui concerne les cigarettes, et depuis le mois d'octobre 1905, en ce qui concerne le tabac coupé. D'après cette loi, la culture du tabac est laissée, comme auparavant, à l'initiative des paysans agriculteurs ; mais c'est le gouvernement qui en distribue lui-même la fabrication entre toutes les manufactures d'Etat instituées dans l'Empire, après avoir acheté la feuille aux cultivateurs. Pour l'exercice fiscal 1905-1906, les profits du monopole du tabac ont été supérieurs à 32 millions de yens.

Les importations de tabac en feuilles, qui étaient de 1 438 807 yens en 1904, sont arrivées à 2 186 913 yens en 1905.

Les exportations de tabac portent presque exclusivement sur les cigarettes, qui sont dirigées surtout vers la Chine et la Corée. Ces exportations atteignaient 2 500 000 yens en 1904 ; elles ont dépassé 3 millions de yens en 1905.

*
* *

Le développement de l'industrie du celluloïd pendant ces dernières années, en augmentant l'emploi du camphre et en en faisant élever le prix, ne pouvait manquer de provoquer un accroissement considérable de la culture du camphrier. Jusqu'au 1ᵉʳ octobre 1903, la vente et la culture du camphre furent complètement libres au Japon. Mais la production camphrière était devenue alors si importante qu'elle faisait une concurrence désastreuse au camphre de Taïwan, et, pour relever les prix de ce produit, le gouvernement résolut d'appliquer à tout l'Empire le régime de monopole qui, jusqu'à la date sus-indiquée, n'avait été appliqué qu'à Formose. L'Etat japonais a donc maintenant le monopole de la vente du camphre brut et de l'huile de camphre ; une fois manufacturés, ils sont achetés par lui à des prix réglés par la loi, et ensuite vendus à un taux fixe. Il peut même, suivant les cas, restreindre la production. Les recettes provenant du monopole du camphre ont dépassé 1 million de yens en 1905-1906.

Voici les chiffres de la production camphrière au Japon pendant les cinq années 1900-1905 :

ANNÉES	CAMPHRE PRODUIT	ANNÉES	CAMPHRE PRODUIT
	(Yens.)		(Yens.)
1900. . . .	1 258 536	1903. . . .	1 958 779
1901. . . .	1 505 228	1904. . . .	532 34
1902. . . .	1 999 962	1905. . . .	519 333

On remarquera l'écart considérable qui existe entre le chiffre de 1903 et celui de 1905.

Les exportations de camphre ont atteint 3 millions 168 197 yens en 1904 et 2 566 233 yens en 1905.

Pour en terminer avec les cultures du Japon, nous mentionnerons encore diverses espèces d'arbres à vernis, dont les produits ne dépassent guère, d'ailleurs, les besoins locaux.

Voici, en particulier, quelques statistiques concernant la production de la laque :

ANNÉES	PRODUCTION DE LA LAQUE	ANNÉES	PRODUCTION DE LA LAQUE
	(Kwan = 3 kil. 75.)		(Kwan = 3 kil. 75.)
1895. . . .	40 231	1903. . . .	52 201
1900. . . .	38 710	1904. . . .	50 341
1902. . . .	41 351	1905. . . .	64 550

Enfin, les îles de Sikok et de Kiou-Siou récoltent chaque année de la cire végétale, qui donne lieu à un commerce assez actif : 1 100 000 yens d'exportations en 1904 ; 800 000 yens en 1905.

*
* *

Cet exposé nous montre que les Japonais ont su tirer de leur sol des productions nombreuses.

Malheureusement, les procédés de culture sont souvent encore primitifs, et l'on ne saurait trop louer l'intelligente initiative du gouvernement mikadonal, qui s'est efforcé, au cours de ces dernières années, d'implanter dans le pays les principes scientifiques appliqués aujourd'hui dans les contrées agricoles européennes. Améliorer les terres par tous les moyens possibles, notamment en facilitant l'irrigation, encourager l'usage des machines et autres procédés agricoles, multiplier les conseils pratiques grâce à de nombreux établissements d'expériences, l'Etat japonais n'a rien négligé pour provoquer un rendement plus rémunérateur. C'est également dans ce but qu'il a promulgué, en 1900, une loi qui favorise d'une façon toute spéciale les entreprises coopératives de crédit, d'achat, de vente et de production, et qu'il a fondé lui-même des établissements de crédit agricole.

Parmi ces derniers, nous citerons la Banque Hypothécaire du Japon, la Banque de Défrichement et de Colonisation du Hokkaïdo (Yéso), ainsi que des banques d'agriculture et d'industrie.

La *Banque Hypothécaire du Japon,* créée par une loi de 1896, est une Société anonyme par actions, au capital de 10 millions de yens, et dont les principales opérations consistent à faire, sur hypothèque de biens immeubles, des avances à long terme et à un taux d'intérêt aussi minime que possible. C'est un établissement central de crédit hypothécaire.

La *Banque de Défrichement et de Colonisation du Hokkaïdo,* qui est également une Société anonyme par actions, au capital de 3 millions de yens, a été fondée, d'après une loi de 1899, en vue de procurer des crédits pour les travaux de défrichement et de colonisation du Hokkaïdo, au moyen de prêts à long terme et à un taux d'intérêt minime, sur hypothèque d'immeubles, et de fournir des capitaux dans les mêmes conditions, sur nantissement de produits agricoles et d'actions et obligations de Sociétés.

Les *banques d'agriculture et d'industrie* sont fondées, dans chaque département, comme établissements de crédit local prêtant à long terme et à taux d'intérêt minime ; elles sont donc des auxiliaires du Crédit foncier central, dont elles complètent le fonctionnement.

Ces établissements, dont la fondation est régie par une loi de 1896, sont des Sociétés anonymes par actions, dont les capitaux doivent être d'au moins 200 000 yens pour chaque Société. Le territoire du Hokkaïdo tout entier et chaque département constituent en principe une circonscription de banque.

Pour bien montrer l'intérêt porté par le gouvernement à ces établissements, ajoutons qu'une loi de 1896, sur l'assistance aux banques agricoles et industrielles, autorise les autorités préfectorales à souscrire (dans une proportion déterminée des fonds prévus dans le budget) des actions des banques d'agriculture et d'industrie situées dans leur circonscription administrative.

Nous avons mentionné précédemment la loi de 1900 sur les entreprises coopératives, qui a encouragé la formation des Sociétés agricoles. Disons ici que ces Sociétés, formées suivant les dispositions de la loi sur les Sociétés agricoles, sont de trois sortes : celles qui sont organisées par le gouvernement du Hokkaïdo et les départements, celles qui sont organisées par les arrondissements, et celles qui sont organisées par les villes, bourgs et villages. Ces Sociétés agricoles sont constituées comme personnes morales dans tout le pays.

*
* *

On voit, d'après ce qui précède, la sollicitude apportée par l'État dans les questions de crédit agricole qui est, à l'heure actuelle, parfaitement organisé au Japon. Cependant, le gouvernement a compris que l'agriculture japonaise réclamait autre chose qu'un appui purement financier. Il s'est rendu compte qu'il lui fallait encore s'efforcer de remplacer les anciens procédés de culture par les méthodes scientifiques d'Europe et d'Amérique et, c'est dans ce but, qu'il a créé des établissements d'expériences, comme la « Ferme nationale d'Essais » de Tokio, qui a maintenant des succursales à Kiou-Siou, Sikok et dans le Tohok, et où on se livre à toutes les recherches pouvant intéresser l'augmentation et l'amélioration des produits agricoles. En outre, l'établissement de Fermes d'essais départementales a été encouragé au moyen de subventions, de sorte qu'il en existe aujourd'hui dans la plupart des départements.

Les résultats des expériences effectuées dans les Fermes d'essais ont été utilisés pour l'élaboration d'un certain nombre de lois destinées à conjurer les dommages que pourrait subir l'agriculture. Nous citerons, à titre de curiosité : la « Loi pour éviter et faire disparaître les maladies et insectes nuisibles », la « Loi préventive des maladies du bétail », la « Loi sur l'application des engrais ». Ces simples énoncés montrent suffisamment que le gouvernement mikadonal n'a pas craint de s'immiscer jusque dans les moindres détails pour arriver au succès de l'œuvre de réforme qu'il a entreprise.

L'importance au Japon de l'industrie agricole, qui occupe plus de 60 pour 100 de la population entière, justifie, d'ailleurs, la vigilante attention du gouvernement. Des progrès ont été déjà réalisés grâce à l'influence de cette bienveillante sollicitude. On peut en donner comme preuve la demande de plus en plus active des engrais artificiels au cours des dix dernières années.

Il faut dire, en effet, que, pendant longtemps, le Japon s'est contenté des engrais indigènes, parmi lesquels les engrais de poissons jouaient un rôle important. A l'heure actuelle, ces engrais de poissons sont encore en faveur, puisque, en outre de la production annuelle, qui est en moyenne de 10 millions de yens (dont 7/10 au moins sont fournis par l'île de Yéso), le montant des importations est encore considérable : en 1902, les statistiques de la Douane accusaient 3 millions de kilogrammes de sardines séchées, importées de Corée, représentant une valeur de 153 000 yens, et 20 700 000 kilogrammes de tourteaux d'huile de poissons, importés de Sibérie, pour une valeur de 1 450 000 yens.

A côté de ces engrais de poissons, on faisait aussi très largement usage de tourteaux de fèves et de pois, de haricots, de colza.

Ce n'est que peu à peu qu'on a eu recours aux engrais chimiques.

Quoi qu'il en soit, c'est surtout depuis 1895 que les importations de fertilisants étrangers ont pris une réelle importance, et ces importations n'ont cessé de croître, depuis cette époque, d'une façon extrêmement rapide. C'est ainsi que la valeur des engrais importés, qui n'était que de 946 604 yens (2 442 240 francs) en 1895, a atteint, en 1905, 22 168 818 yens (57 195 552 francs).

Les principaux engrais qui sont importés sont les tourteaux, le sulfate d'ammoniaque, les phosphates et les nitrates. C'est la Chine qui fournit les tourteaux ; les nitrates proviennent pour un tiers des États-Unis, et, pour le surplus, de divers pays, et notamment du Chili. Les phosphates de chaux et le sulfate d'ammoniaque sont presque monopolisés par l'Angleterre.

La production indigène de phosphates s'accroît également ; mais les fabricants reçoivent tellement de demandes qu'ils ne peuvent y suffire ; aussi leur industrie est-elle des plus prospères.

*
* *

Tout en apportant, ainsi que nous venons de le voir, les plus grands soins au développement scientifique de l'agriculture proprement dite, le gouvernement japonais ne négligeait rien pour encourager l'élevage. Dans le but d'améliorer les races de chevaux et de bétail, il a établi des pâturages d'Etat, où étalons et taureaux sont élevés, puis mis à la disposition des propriétaires-éleveurs.

Les recensements effectués depuis 1895 ont donné les résultats suivants :

État des espèces bovine et chevaline japonaises.

ANNÉES	ESPÈCE BOVINE	ESPÈCE CHEVALINE
	Nombre.	Nombre.
1895	1 136 278	1 530 603
1900	1 261 214	1 544 979
1901	1 282 341	1 533 163
1902	1 275 381	1 515 108
1903	1 286 116	1 523 745
1904	1 200 135	1 390 017
1905	1 167 610	1 367 615

La diminution du nombre des chevaux constatée en 1904 et 1905, provient des envois faits par le gouvernement japonais en Corée et en Mandchourie.

Il y avait, en outre, en 1905, 3 590 moutons, 72 121 chèvres et 228 204 porcs. Ajoutons que la volaille pullule au Japon, où elle est une des principales ressources d'alimentation.

Mais l'élevage de beaucoup le plus important est celui du ver à soie. La production des cocons, qui était de 2 258 173 kokus (1 koku $= 1^{kgr},8039$) en 1895, s'est accrue depuis d'une façon à peu près continue ; elle a atteint en 1905, 2 728 333 kokus. Les Japonais se sont mis résolument à l'école des Européens, encouragés, d'ailleurs, dans cette voie par le gouvernement. Celui-ci a créé, à cet effet, deux Instituts d'Etat pour la vulgarisation des méthodes scientifiques séricicoles. Des corporations locales ont aussi ouvert des écoles ou des instituts d'apprentissage, et apportent ainsi des perfectionnements à la sériciculture.

En outre, le gouvernement a établi, en 1896, à Yokohama, une chambre de conditionnement où les soies sont soumises à une inspection rigoureuse.

Les exportations de soie grège, qui étaient de 47 866 257 yens en 1895, atteignaient, en 1905, le chiffre de 71 843 755 yens[1]. La production de la soie n'est pourtant pas de celles qui peuvent augmenter rapidement, car le mûrier qui en est la base est d'une croissance assez lente. Sa culture convient, il est vrai, tout spécialement aux aptitudes des classes agricoles japonaises, en même temps que le climat et le sol du pays lui sont favorables. Aussi, avec les encouragements donnés par le gouvernement, la plantation du mûrier fait chaque année des progrès très frappants.

*
* *

La pêche est très active sur toutes les côtes. Les bateaux de pêche en usage au Japon ont consisté jusqu'à ces derniers temps en des canots non pontés, qui ne pouvaient guère s'éloigner au large. Ce n'est que tout récemment que l'on a commencé à employer des embarcations pontées, permettant la pêche en haute mer. Pour encourager cette pêche, le gouvernement a promulgué, en 1898, la « Loi d'Encouragement à la pêche en haute mer », qui accorde des primes d'encouragement. Les résultats de cette loi se sont fait sentir déjà d'une façon très satisfai-

---

1. 110 443 000 yens en 1906.

sante, notamment, en ce qui concerne la pêche du phoque.

Le tableau suivant montre bien la progression constante des produits de la pêche au cours de ces dernières années :

Produits de la pêche japonaise.

ANNÉES	POISSONS FRAIS	POISSONS CONSERVÉS
	(en yens.)	(en yens.)
1895.	23 726 306	20 801 339
1896.	27 302 524	24 155 239
1897.	30 955 157	29 740 358
1898.	34 572 267	26 190 460
1899.	39 717 372	31 678 766
1900.	44 985 081	33 003 299
1901.	42 826 850	30 075 953
1902.	44 245 254	28 656 952
1903.	40 866 444	29 570 312
1904.	42 632 633	31 726 659
1905.	50 261 626	35 500 016

En 1905, 3 338 600 personnes se livraient à la profession de pêcheurs ou exerçaient un métier se rattachant à la pêche ; les bateaux de pêche étaient alors au nombre de 398 857. C'est depuis peu de temps seulement que le Japon s'occupe de rechercher des débouchés pour ses poissons salés, fumés ou conservés dans l'huile, et il n'est pas douteux, par suite de l'abondance du poisson sur toutes les côtes, qu'un avenir important est réservé à l'exportation de ces articles.

Les Japonais préparent également, principalement avec le hareng et la sardine, une huile de poisson dont l'exportation a atteint environ 750 000 yens en 1905.

*
* *

Nous avons vu, au cours de cet exposé des principales productions agricoles du Japon, les efforts du gouvernement pour améliorer les conditions de l'agriculture. Cependant, bien que nous ayons montré que des progrès indéniables ont été déjà réalisés, il est évident que des résultats sérieux ne pourront être atteints qu'au bout d'un certain nombre d'années.

La transformation des anciens procédés de culture est lente et nécessite des dépenses considérables ; nous avons signalé, notamment, la progression des importations d'engrais. Parallèlement, des sommes importantes ont été également dépensées pour l'achat d'outils et de machines agricoles. Or, ce n'est pas du jour au lendemain que l'on peut, en agriculture, récupérer les avances faites à la terre.

D'autre part, nous avons indiqué précédemment comment, poussé par les nécessités du moment, le gouvernement avait dû augmenter ses revenus d'une façon considérable et dans quelle proportion en particulier l'impôt foncier s'était trouvé accru. De 38 692 868 yens en 1895-1896, il était arrivé, en effet, à 82 284 112 yens en 1905-1906.

Une telle augmentation de charges, jointe à un accroissement de dépenses d'exploitation, devait naturellement paraître bien lourde à la classe agricole. Ajoutons encore que les salaires des ouvriers avaient également progressé d'une façon très rapide. Le salaire journalier moyen, qui était seulement de 0,185 yen (0 fr. 47) en 1895, atteignait 0,320 yen (0 fr. 83) en 1905 ; de même les gages annuels du garçon cultivateur, qui ne dépassaient pas 21 yens 93 (56 fr. 58) en 1895, s'étaient avancés à 37 yens 54 (96 fr. 85) en 1905.

Avec un sentiment très louable de dévouement patriotique, la population agricole supporta cependant sans murmure cet accroissement de charges. Elle supporta de même les taxes extraordinaires, qui furent votées à l'occasion de la guerre avec la Russie, et qui portèrent l'impôt foncier de 46 873 086 yens en 1903-1904 à 60 939 781 yens en 1904-1905 et à 82 284 112 yens en 1905-1906.

Toutefois des plaintes s'élevèrent lorsqu'il fut question de maintenir ce relèvement de l'impôt, qui devait cesser d'être appliqué le dernier jour de l'année suivant le rétablissement de la paix. Ces plaintes trouvèrent un écho à la Diète, et le gouvernement rencontra une opposition très vive à son projet de maintien de ces taxes extraordinaires, dont la continuation fut cependant votée pour les budgets de 1906-1907 et 1907-1908.

Il semble bien toutefois, que l'agriculture japonaise ne tardera pas à être allégée d'une partie du lourd fardeau qu'elle supporte depuis quelques années ; d'autre part, elle entre maintenant dans une période où elle va commencer à recueillir les fruits de ses avances à la terre. Une ère de prospérité paraît donc pouvoir s'ouvrir pour les agriculteurs de l'Empire du Soleil Levant, à la condition, toutefois, que la paix soit assurée d'une façon durable.

VI

L'Industrie.

Les légendes rapportées en Europe par les Portugais, qui, pendant longtemps, purent exploiter l'or au Japon, avaient entretenu en Occident, durant de longues années, cette idée que ce pays était d'une richesse prodigieuse en gisements aurifères. Cependant, s'il faut reconnaître aujourd'hui que le merveilleux « Zipangu » n'est pas la terre de l'or par excellence, on ne saurait nier que les richesses minérales de toutes sortes y sont extrêmement importantes.

Avant la Révolution de 1868, les mines étaient exploitées d'une façon rudimentaire, et leur production restait très médiocre. Depuis, dans le but d'améliorer et de développer cette branche d'industrie, le gouvernement fit venir des ingénieurs étrangers et utilisa les ressources minières pour son propre compte. Plus tard, ces mines d'Etat furent, pour la plupart, vendues à des particuliers. C'est alors, en 1890, que le gouvernement, poursuivant son œuvre de développement minier, promulgua la loi sur le régime des mines, qui a été remplacée, au mois de juillet 1905, par une nouvelle loi minière.

D'après cette nouvelle législation, ceux qui désirent exploiter des mines sont tenus d'avoir un permis, soit de recherches, soit d'exploitation, que délivre le ministre de l'Agriculture et du Commerce, mais dont celui-ci a, suivant les cas prévus par la loi, le droit d'annuler ou de suspendre les effets.

En ce qui concerne l'organisation minière, le pays est divisé en cinq grandes circonscriptions qui ont chacune un bureau d'inspection des mines. Le délai valable de recherches est fixé à deux ans à partir du jour de l'enregistrement du permis. L'étendue d'une concession minière doit être au moins de 50 000 tsubo (le tsubo valant $3^{mq},30$) pour la houille et de 5 000 tsubo pour les autres produits minéraux, sans pouvoir cependant, dans aucun cas, dépasser 600 000 tsubo. Les sujets japonais et toute personne civile constituée suivant les lois impériales ont le droit d'exploitation minière ; par conséquent, les étrangers même peuvent s'intéresser à ces entreprises, en se faisant admettre comme membres ou actionnaires de Sociétés minières.

La loi relative à l'hypothèque sur les mines, connexe à la nouvelle loi minière, a été promulguée en mars 1905. Elle permet à tous ceux qui sont détenteurs de droits de mines de créer une « masse minière », destinée à servir de gage à l'hypothèque. Cette « masse minière » se compose des éléments suivants, qui sont la propriété du concessionnaire :

1. Le droit de mine; 2. Le terrain et les travaux y effectués; 3. La superficie et le droit d'usage du terrain ; 4. Le droit de location d'objets divers, si le bailleur y consent; 5. Les machines, instruments, véhicules, bateaux à vapeur ou à voiles, bœufs, chevaux et autres accessoires.

Ces lois ne peuvent que contribuer au développement de l'industrie minière, qui, en dix ans, a réalisé déjà de très grands progrès. Quelques statistiques nous renseigneront suffisamment à cet égard :

Nombre des autorisations de recherches et d'exploitation des mines. Étendue des concessions.

ANNÉES	RECHERCHES		EXPLOITATION	
	NOMBRE d'autorisations.	ÉTENDUE des concessions.	NOMBRE d'autorisations.	ÉTENDUE des concessions.
		Tsubo.		Tsubo.
1895. . . .	3 972	882 650 358	4 276	284 807 204
1896. . . .	3 411	945 875 576	4 882	273 895 962
1897. . . .	4 143	1 518 084 652	5 123	445 408 492
1898. . . .	3 959	1 652 228 849	5 270	495 849 293
1899. . . .	3 995	1 702 748 427	5 280	555 391 644
1900. . . .	5 184	2 185 566 080	5 389	589 778 353
1901. . .	6 859	2 680 328 613	5 724	704 974 325
1902. . . .	6 467	2 480 928 646	5 908	788 156 282
1903. . . .	5 850	2 280 040 226	5 858	838 495 514
1904. . . .	5 014	2 028 560 974	5 700	863 601 802
1905. . . .	2 767	952 781 566	5 469	842 260 828

On voit ainsi qu'en l'espace de dix ans, l'étendue des concessions d'exploitation a plus que triplé. Si l'on remarque, d'autre part, que sur les 842 260 828 tsubo qui représentent l'étendue des concessions d'exploitation en 1905, les mines non encore exploitées figurent pour le chiffre de 425 552 268 tsubo, il semble bien qu'on puisse escompter, dans un avenir plus ou moins prochain, un accroissement considérable de la production minière. Déjà, d'ailleurs, les chiffres de 1905, qui sont les derniers fournis par les statistiques officielles, accusent, pour nombre de matières minérales, une augmentation très sensible sur ceux de 1895, que nous avons pris comme termes de comparaison :

Production minérale en 1895, 1904 et 1905.

		1895	1904	1905
Or. . . .	Mommé.	239 041	736 137	812 764
Argent.. .	—	19 272 544	16 328 575	22 103 408
Cuivre.. .	Kin.	31 856 887	53 538 368	59 158 327
Plomb.. .	—	3 241 032	3 004 381	3 787 006
Fer. . . .	Kwan.	6 879 306	10 171 500	14 189 913
Fer sulfur.	—	1 686 519	6 636 138	6 818 432
Antimoine.	Kin.	2 805 729	708 558	476 664
Manganèse.	—	28 520 061	7 207 712	23 361 637
Houilles. .	Tonnes.	4 810 835	10 772 064	11 593 292
Soufre.. .	Kin.	25 884 250	42 645 062	41 087 568
Pétrole.. .	Koku.	149 497	1 073 640	1 187 136

En 1905, la production des matières minérales a atteint 78 109 798 yens. L'exploitation minière, qui occupait, en 1896, 118 517 ouvriers, en employait 154 975 en 1905, dont 79 505 dans les mines houillères, 68 861 dans les mines métallifères et le surplus, soit 6 609, dans les autres mines.

Certains produits minéraux donnent lieu déjà à une exportation importante. Ainsi, le cuivre brut et raffiné, dont les envois à l'étranger ne dépassaient pas 5 157 667 yens en 1895, a vu ce chiffre s'élever à 16 048 452 yens en 1905.

Les exportations de soufre se sont avancées également de 296 136 yens en 1895 à 971 921 yens en 1905.

En ce qui concerne la houille, la valeur de l'exportation, qui était de 5 409 112 yens en 1895, était arrivée progressivement à 19 260 503 yens en 1903. Elle est tombée à 14 828 093 yens en 1904 et 14 267 867 yens en 1905. En même temps, et malgré l'augmentation continue de la production indigène, les importations de houille, qui étaient de 853 080 yens en 1895, de 1 million 972 923 yens en 1903, passaient brusquement en 1904 à 12 199 885 yens. En 1905, la valeur de la houille importée atteignait encore 5 464 722 yens.

Tout en reconnaissant que les progrès de l'industrie japonaise aient pu contribuer dans une certaine mesure à cette augmentation énorme de la consommation, il faut en chercher la cause principale dans la constitution d'approvisionnements par l'Etat. Bien que le charbon japonais soit difficilement utilisable à l'état pur pour les navires de guerre, il est employé à cet usage en mélange avec du charbon anglais ; et ce fait explique l'accroissement des envois de houille de l'Angleterre à destination du Japon, au moment de la guerre russo-japonaise, envois qui, de 1 675 495 yens en 1903, sont passés à 11 millions 269 952 yens en 1904 et 5 457 705 yens en 1905.

Il n'est pas sans intérêt de signaler que le gouvernement mikadonal n'a cessé d'étudier les moyens de rendre la houille japonaise utilisable dans les chaufferies des navires de sa flotte, ce qui lui procurerait une notable économie et une indépendance précieuse en temps de guerre. Il semble avoir réussi en adoptant des briquettes comprimées, pour la fabrication desquelles des machines spéciales ont été, il y a quelques mois, expédiées de France.

Malgré l'augmentation considérable de la production pétrolifère au Japon, elle est encore insuffisante pour les besoins de la consommation. Les importations, qui avaient été particulièrement fortes en 1904, avec 18 201 490 yens, sont revenues en 1905 à un chiffre plus normal, avec 12 061 262 yens. Ce sont les Etats-Unis qui sont le principal fournisseur de pétrole au Japon, avec 11 152 271 yens en 1904, et 7 639 965 yens en 1905. La Russie d'Asie arrive en second lieu.

La fabrication du sel marin est maintenant régie par une loi, devenue exécutoire le 1er janvier 1906, qui a reconnu au gouvernement le monopole de la vente. Une fois fabriqué, le sel est acheté par l'Etat à des prix réglés par la loi et vendu ensuite par lui aux marchands en gros, à un taux fixe. Les recettes provenant de ce monopole ont atteint 16 239 667 yens en 1905-1906 ; elles sont évaluées à 26 274 831 yens pour l'exercice 1906-1907. La superficie des salines, qui était de 7 507 chô en 1895, atteignait 8 063 chô en 1904, et leur production, relativement aux deux années considérées, est passée de 5 millions 995 052 à 6 920 995 kokus.

*
* *

On a pu se rendre compte, par ces quelques données, des progrès qui ont été réalisés au cours de ces dernières années dans l'exploitation des richesses minérales du Japon. Les résultats sont encore plus frappants en ce qui concerne l'industrie proprement dite.

De bonne heure, cette industrie a pris au Japon une certaine importance et les vieilles traditions nationales ne se sont pas encore perdues. Les bronzes artistiques, les laques, les porcelaines, les armes, les papiers constituent autant d'industries qui sont encore actives, et, dans ces divers articles, ce sont les Japonais qui ont été les maîtres et les initiateurs des peuples occidentaux.

Cependant, après la Révolution de 1868, une transformation complète s'opéra dans l'industrie japonaise, conséquence des fréquentes et nombreuses relations qui s'établirent par la suite avec les pays de l'Occident. Une ère industrielle nouvelle fut inaugurée, qui substitua à une industrie, jusqu'alors purement familiale, tout un système de fabrication au moyen d'usines et de machines de tous genres.

Le gouvernement fit, d'ailleurs, tous ses efforts pour encourager l'emploi de la machinerie dans les manufactures, et il construisit des ateliers et usines modèles.

L'une des industries actuellement les plus prospères est l'industrie du coton. Il suffirait d'en donner comme preuve la grosse augmentation enregistrée par les importations de coton brut, qui sont passées de 24 305 000 yens en 1895 à 109 260 000 yens en 1905. Ces résultats sont, d'ailleurs, confirmés par le tableau suivant :

Industrie cotonnière japonaise.
Éléments de production.

ANNÉES	NOMBRE des ÉTABLISSEMENTS	CAPITAL ENGAGÉ	MOYENNE JOURNALIÈRE des broches employées.	QUANTITÉ DE COTON employé.	PRODUCTION de COTON FILÉ
		(Yens.)		(Kwan.)	(Kwan.)
1894.	45	13 308 030	476 123	17 179 274	14 620 008
1895.	47	16 392 058	518 736	21 771 346	18 437 011
1896.	61	22 860 709	692 384	24 803 618	20 585 485
1897.	74	36 414 728	768 368	32 068 243	26 134 120
1898.	77	42 342 080	1 027 817	42 544 656	32 163 239
1899.	83	33 023 317	1 170 327	42 962 406	43 052 402
1900.	80	35 908 512	1 144 027	38 323 770	32 419 641
1901.	81	36 690 567	1 181 762	38 684 886	33 115 829
1902.	80	34 459 082	1 301 347	44 286 547	38 458 907
1903.	76	34 405 329	1 200 347	45 521 389	39 120 772
1904.	74	34 699 554	1 306 198	40 157 040	34 569 430
1905.	78	36 991 079	1 402 931	50 516 514	44 137 858

Ainsi, de 1894 à 1905, le nombre des filatures

de coton s'est élevé de 45 à 78, représentant une augmentation de capital de 23 683 049 yens. La moyenne journalière des broches employées est arrivée à 1 402 931, contre 476 123, soit un accroissement de 926 808 ; de même la production de coton filé est passée de 14 620 008 à 44 137 858 kwan, accusant une augmentation de 29 517 850 kwan.

Cet accroissement de la production de filés de coton explique la diminution continue des importations de cet article, qui sont tombées de 11 372 000 yens en 1896 à 1 701 867 yens en 1905, en même temps que l'augmentation progressive des exportations, qui, de 7 720 yens en 1892, sont passées à 4 029 425 en 1896, pour arriver à 33 246 462 yens en 1905.

Ajoutons que pour le coton filé, c'est la Chine qui est le meilleur client du Japon, avec 28 693 913 yens ; puis viennent la Corée, avec 3 252 992 yens, Hong-Kong, avec 938 569 yens, et enfin les Philippines avec 340 369 yens.

Les filés de coton ne sont d'ailleurs pas le seul article qui, dans cette branche d'industrie, offre un tel développement. D'après les statistiques officielles, la valeur totale de la production de l'industrie textile a atteint, en 1905, 153 233 992 yens, au lieu de 95 667 919 yens en 1895, après être arrivée à un maximum en 1900 avec 178 172 629 yens. La diminution continue du nombre des ouvriers, qui est passé de 1 042 866 en 1895, à 767 423 en 1905 indique, d'une façon très nette, le remplacement progressif de la main-d'œuvre par des machines.

La fabrication des étoffes et de la flanelle de coton n'est pas sans importance, comme le montrent les chiffres ci-après :

Industrie cotonnière japonaise.

Produits fabriqués.

ANNÉES	ÉTOFFE DE COTON		FLANELLE DE COTON	
	QUANTITÉ	VALEUR	QUANTITÉ	VALEUR
	(Tan.)	(Yens.)	(Tan.)	(Yens.)
1895.	55 704 523	23 987 678	2 075 274	7 203 116
1896.	55 526 947	25 704 589	2 058 551	7 350 208
1897.	52 961 139	27 843 688	2 138 072	7 718 444
1898.	55 706 005	33 120 594	2 744 629	9 089 006
1899.	63 740 682	35 526 563	4 445 137	8 893 904
1900.	73 109 582	42 298 413	2 994 993	9 720 599
1901.	63 097 345	33 641 054	2 287 820	8 230 132
1902.	66 775 147	35 682 836	3 290 893	10 968 426
1903.	59 252 254	31 090 398	3 752 572	10 623 410
1904.	65 232 254	34 228 081	3 508 091	10 932 890
1905.	80 749 650	49 607 228	4 525 271	12 693 616

En 1904, le Japon a exporté pour 668 768 yens d'étoffes de coton, et pour 715 457 yens de flanelle de coton. En 1905, les chiffres étaient respectivement de 669 784 et de 878 686 yens.

Parmi les autres articles de coton sortant des manufactures japonaises, il convient de citer les toiles de coton (calicot, shirting, etc.), qui figurent à l'exportation pour 8 927 541 yens en 1905, ainsi que les couvertures de coton, dont il a été exporté, la même année, pour 508 037 yens.

***
** **

Nous avons indiqué, dans le chapitre de l'agriculture, les encouragements apportés par le gouvernement au développement de l'industrie séricicole, et nous avons signalé les progrès qui se sont déjà manifestés dans l'exportation de la soie grège. Nous ajouterons qu'il existait, en 1905, 4719 filatures, contre 4275 en 1895, et qu'en outre 407224 familles, en 1905, au lieu de 383764 en 1895, s'occupaient de cette industrie.

La production totale de la soie ainsi obtenue, y compris les déchets, a été de 2299688 kwan en 1895 et de 2606124 kwan en 1905.

Le tableau suivant donne la valeur de la production, pendant la décade 1895-1905, de quelques-uns des principaux articles de soie manufacturés au Japon :

Industrie de la soie.

Produits fabriqués.

ANNÉES	PONGÉE (HABUTAYE)	PONGÉE GLACÉ (KAÏKI)	CRÊPE
	(Yens.)	(Yens.)	(Yens.)
1895.	12 279 831	5 709 044	6 696 849
1896.	15 232 989	3 614 689	8 412 256
1897.	17 683 789	5 091 432	8 962 094
1898.	21 523 369	5 049 201	8 286 275
1899.	29 528 643	6 343 845	11 499 368
1900.	25 819 778	7 484 429	9 379 904
1901.	30 003 296	4 402 047	7 829 302
1902.	25 704 647	1 904 460	8 992 557
1903.	31 155 120	2 673 873	7 057 648
1904.	34 330 683	2 452 207	3 146 739
1905.	26 031 828	3 109 534	7 499 232

C'est le Joshu qui fut le berceau de l'Habutaye C'est là, en effet, que quelques pièces d'un article similaire fabriqué en Chine furent pour la première fois imitées au Japon, il y a environ vingt-cinq ans, et les autres provinces, en présence de la demande, s'emparant peu à peu des procédés de leur voisine, et le modifiant selon leurs capacités, arrivèrent à créer cette industrie considérable.

C'est d'ailleurs la soie qui est le grand article d'exportation du Japon et un simple petit tableau nous montrera les résultats prodigieux que les éleveurs nippons ont su obtenir à dix années de distance :

**Exportation de soieries japonaises
en 1896, 1900 et 1906.**

ARTICLES	1896	1900	1906
	(Yens.)	(Yens.)	(Yens.)
Soie grége. . .	28 830 602	44 657 029	110 442 800
Déchets de soie.	1 247 813	960 687	1 966 747
Autres déchets.	1 516 252	3 200 631	3 848 402
Pongée. . .	7 052 217	17 436 381	32 768 525
Pongée glacé. .	233 809	878 313	507 380
Mouchoirs de soie.	4 617 720	4 318 553	5 622 038
Total . .	43 498 413	71 451 594	155 155 892

En 1906 l'exportation des articles de soieries japonaises a donc atteint le chiffre rond de 400 millions de francs : c'est une augmentation d'environ 288 millions de francs par rapport à l'exportation de 1896. Ce résultat nous dispense de tout autre commentaire.

*
* *

Le tableau ci-après donne, comparativement,

la valeur de la production d'un certain nombre
d'autres articles manufacturés en 1895, 1904 et
1905.

Productions industrielles diverses au Japon.

	1895	1904	1905
	(Yens.)	(Yens.)	(Yens.)
Allumettes.	5 502 130	11 745 646	12 219 573
Papiers japonais.	9 126 745	13 543 837	13 722 228
— européens. . . .	2 619 338	10 434 904	11 059 089
Porcelaine et faïence. . .	4 816 321	6 733 568	8 821 544
Objets laqués.	3 119 268	4 477 294	5 559 868
Nattes et tresses de paille.	5 720 490	11 790 116	13 258 468

L'examen des chiffres ci-dessus montre que
ces diverses industries sont en voie de grande
progression.

Il est intéressant de noter que la fabrication
des allumettes, produit considéré, il y a quelques
années, comme purement européen, a donné
l'occasion au Japon de se créer un quasi-mono-
pole sur l'Asie orientale. Un certain nombre
d'autres produits, d'ailleurs, d'un usage très
peu répandu au Japon, sont fabriqués presque
exclusivement en vue de l'étranger. C'est ainsi
que les exportations de 1905 mentionnent les
« parapluies à l'européenne » pour 1 582 768
yens, dont 962 091 yens vers la Chine.

Il n'est pas non plus sans intérêt de mentionner qu'un certain nombre d'articles d'importation, les montres, par exemple, font l'objet d'un
commerce de moins en moins important, la
fabrication indigène tendant de plus en plus à
remplacer l'article d'origine étrangère.

Par contre, les machines diverses ont vu leur chiffre d'importations passer de 3 492 000 yens en 1895 à 12 324 000 yens en 1905. L'Angleterre tient la première place pour les machines-outils en tous genres, les métiers à tisser. Mais les Etats-Unis sont à peu près les seuls maîtres du marché pour les machines et appareils électriques, dont la valeur a atteint 2 455 424 yens en 1905.

L'usage de l'électricité a fait de grands progrès au Japon pendant ces dernières années; l'éclairage électrique, en particulier, s'est répandu beaucoup. C'est ainsi que le nombre de Compagnies d'éclairage électrique, qui était seulement de 24 en 1895, avec un capital autorisé de 5 140 000 yens, atteignait, en 1905, le chiffre de 77, représentant un capital de 22 937 250 yens.

Nous n'avons pas parlé encore de l'industrie métallurgique. C'est que, malgré tous les efforts du gouvernement, les résultats n'ont pas répondu jusqu'ici à son attente, et il semble bien que, pendant les années prochaines, le Japon devra continuer à demander à l'étranger ce qui lui est nécessaire pour développer son outillage industriel. Il est vrai que l'augmentation des importations de fers et aciers, qui sont passées de 7 695 000 yens en 1895 à 32 269 000 yens en 1905, est une preuve nouvelle du développement de cet outillage. Mais il n'en convient pas moins de signaler le peu de succès du gouvernement dans sa tentative de créer au Japon l'industrie métallurgique. Disons, d'ailleurs, que c'est dans ce but qu'il entretient, à grands frais, les établissements de Wakamatsu, qui commencent à livrer des rails aux Compagnies de chemins de fer, et qui exécutent aussi, de concert avec l'arsenal de Kure, du matériel de guerre, et en particulier des projectiles.

Cependant, le gouvernement japonais ne s'est nullement découragé, et il est d'ailleurs certain que sa tâche lui sera rendue plus facile par le nouveau tarif douanier, qui a été appliqué le 1er octobre 1906. Il nous suffira, pour bien faire comprendre la protection accordée à l'industrie métallurgique indigène, de mentionner ici quelques changements qui ont été apportés dans le nouveau tarif :

Les barres et tringles de fer de plus de 6 millimètres de diamètre passent de 0 fr. 67 les 60 kilogrammes à 30 pour 100 *ad valorem* ;

Les rails, de 0 fr. 33 à 2 fr. 23 les 60 kilogrammes ;

Les tuyaux et les tubes en fer, de 10 à 20 pour 100 *ad valorem* ;

Les fils de fer, les plaques de fer et d'acier et tout le fer manufacturé, de 100 à 600 pour 100 *ad valorem* ;

Les clous, de 1 fr. 47 à 3 fr. 48 les 60 kilogrammes.

Il convient de dire également quelques mots de l'industrie des constructions navales, qui, surtout depuis 1896, sous l'influence de la « loi d'encouragement aux constructions navales », a fait des progrès constants. Des primes sont, en effet, accordées à raison de chaque bateau de fer ou d'acier, d'un tonnage brut de 700 tonnes au moins, construit par tout sujet japonais ou toute compagnie de constructions navales dont les membres ou les actionnaires sont tous Japonais. Grâce à ces mesures d'encouragement, on comptait déjà, à la fin de 1903, 205 chantiers et 32 docks privés, et le nombre des navires construits au Japon, qui était de 539 en 1896, atteignait 5 138 en 1906, dont 1 105 à vapeur et 4 033 à voiles. L'outillage s'est perfectionné à ce point qu'on est arrivé à construire avec succès de petits bateaux de guerre et de gros navires marchands destinés à faire le service des grandes lignes étrangères et même à recevoir des commandes de l'extérieur. C'est ainsi qu'à la fin de 1905 il était sorti déjà des chantiers japonais non moins de 37 navires d'un tonnage global de 96 969 tonneaux, dont un de 7 463 tonneaux.

Ajoutons enfin que la guerre avec la Russie a été aussi un stimulant puissant pour le progrès de la construction navale au Japon en procurant aux divers chantiers la construction et les réparations de bâtiments de guerre et de navires de commerce.

*
* *

Nous avons montré, en passant en revue les

principales industries japonaises, le souci constant du gouvernement mikadonal de développer dans tout le pays les procédés de fabrication modernes au moyen d'usines et de machines de tous genres.

Dans le but de perfectionner et d'aider encore au développement de cette industrie nouvelle, le gouvernement japonais organisa des expositions nationales dans les principales villes de l'Empire ; il participa toujours aux expositions universelles ouvertes à l'étranger ; il institua un bureau d'expériences, des écoles techniques ; il envoya des nationaux dans les grandes contrées industrielles pour y étudier le fonctionnement des manufactures.

Des lois furent promulguées concernant les brevets d'invention, dessins et modèles industriels, marques de fabrique ou de commerce et destinées à protéger la propriété industrielle.

Plus récemment, en mars 1905, est entrée en vigueur la « loi sur l'hypothèque de la masse manufacturière », créée dans le but de faciliter l'afflux des capitaux nécessaires aux entreprises industrielles.

Dans ces conditions, la quantité de produits manufacturés, qui, autrefois, était très restreinte, s'est accrue dans de telles proportions qu'aujourd'hui non seulement ils assurent tout au moins pour un assez grand nombre d'articles, les besoins de la consommation intérieure, mais encore ils sont exportés sur de nombreux marchés étrangers.

Nous avons fait remarquer, dans un chapitre précédent, que c'est à partir de 1886 que le développement de l'industrie japonaise exerça une sérieuse influence sur le commerce extérieur du pays. Le chiffre de 1885 avait été de 66 504 000 yens ; en 1890, il atteignait 138 332 000 yens ; il arrivait à 265 373 000 en 1895, dont 136 112 000 aux exportations, pour sauter à 810 072 000 yens en 1905, les exportations représentant dans ce dernier chiffre une valeur de 321 534 000 yens

Une telle progression montre les progrès énormes réalisés par l'industrie japonaise, surtout si l'on observe que les produits manufacturés, à l'exclusion de la soie grège et des pailles tressées, figurent pour 41 pour 100 environ dans le chiffre total des exportations.

Il n'est pas douteux que ces progrès se poursuivront dans les années futures, qui peut-être même verront se développer encore nombre d'industries nouvelles, à l'abri du tarif protecteur du 1er octobre 1906.

---

1. 842 472 000 yens en 1906, dont 423 669 000 yens d'exportations.

VII

Les Chemins de fer et les Tramways.

Le premier chemin de fer japonais. — Le développement du réseau et du matériel roulant. — Résultats généraux de l'exploitation. — Les tarifs et le régime des chemins de fer. — Le projet de nationalisation de 1906. — Lignes à racheter. — Les tramways électriques.

Les chemins de fer sont les auxiliaires nécessaires du développement industriel et commercial des pays nouveaux ; la première voie ferrée japonaise remonte à 1872 : ce fut la ligne de Yokohama à Tokio, d'une longueur de 29 kilomètres, construite par l'État.

Jusqu'en 1883, les Japonais considérèrent les chemins de fer comme des entreprises gouvernementales, puis à partir de cette date, une loi autorisa les sociétés privées à construire des lignes à l'aide de capitaux recueillis par souscription publique, mais avec cette réserve formelle que les actions desdites sociétés appartiendraient exclusivement à des Japonais. En 1882-1883, le réseau ferré japonais ne comprenait encore que 183 kilomètres de lignes en exploitation et ne disposait, comme matériel roulant, que de 47 locomotives, 240 voitures de voyageurs et 503 wagons à marchandises. Pendant cet exercice, il fut transporté 5 977 321 voyageurs et 23 559 tonnes de marchandises.

Les tableaux suivants vont nous montrer les résultats obtenus depuis cette époque :

Développement

du réseau ferré japonais et du matériel roulant :

DÉSIGNATION	1882-1883	1892-1893	1904-1905	1905-1906
Longueur exploitée (Kil.)				
État.	183	885	2 338	2 465
Compagnies.	»	2 124	5 171	5 228
TOTAL.	183	3 009	7 509	7 693
Locomotives :				
État.	47	133	552	594
Compagnies.	»	185	1 092	1 123
TOTAL.	47	318	1 644	1 717
Wagons Voyageurs.				
État.	240	630	1 576	1 668
Compagnies.	»	739	3 666	3 672
TOTAL.	240	1 369	5 242	5 340
Wagons Marchandises :				
État.	503	1 753	7 018	8 236
Compagnies.	»	2 819	17 390	18 947
TOTAL.	503	4 572	24 408	27 183

D'après la statistique officielle japonaise, le capital engagé dans les chemins de fer japonais s'élevait, à la fin de l'exercice 1904-1905 (31 mars 1905), à la somme totale de 393 millions de yens, ce qui donnerait, pour les 7509 kilomètres exploités à cette époque, une moyenne de dépenses de premier établissement d'environ 135 000 francs par kilomètre, en comptant le yen à sa valeur actuelle de 2 fr. 58.

Mais il faut observer qu'avant la réforme monétaire de 1897 le yen valait légalement 5 fr. 16 au Japon, et que toutes les dépenses et toutes les recettes, effectuées à l'intérieur du territoire japonais, représentaient alors des yens d'argent d'une valeur supérieure à 2 fr. 58 d'or.

Ainsi, par exemple, en 1890, le yen valait encore 4 fr. 25 d'or, mais en 1893, après la suppression de l'act Sherman aux États-Unis et la fermeture des hôtels de monnaies indiens à la frappe libre des roupies, le yen d'argent japonais tomba à 2 fr. 18 et nous le trouvons à 2 fr. 69 en 1896, l'année qui précéda la réforme monétaire japonaise.

Depuis 1897 le yen japonais valant désormais 2 fr. 583 d'or, s'est maintenu aux environs de sa parité théorique sans grandes fluctuations.

On peut donc admettre que la moyenne kilométrique des dépenses de premier établissement du réseau japonais est supérieure à 150 000 francs et inférieure à 180 000 francs : C'est peu en comparaison de la moyenne kilométrique de l'Europe et des États-Unis d'Amérique, qui ne doit pas être éloignée du chiffre de 250 000 francs pour l'Europe et 230 000 francs pour les États-Unis.

Résultats

de l'exploitation des chemins de fer japonais :

DÉSIGNATION	1882-1883	1892-1893	1904-1905	1905-1906
TRANSPORTS				
Voyageurs (un.) :				
État	5 977 321	12 873 547	28 828 711	31 026 964
Compagnies. . .	»	15 590 168	75 225 481	82 648 439
TOTAL	5 977 321	28 463 715	104 054 192	113 675 403
Marchandises [tonnes :]				
État	23 559	982 404	3 677 453	4 403 494
Compagnies. . .	»	1 719 316	15 576 409	17 126 570
TOTAL	23 559	2 701 720	19 253 862	21 530 064
Recettes (yens) :				
État.	1 840 394	4 580 632	21 406 137	24 056 140
Compagnies. . .	»	5 096 634	37 538 711	44 977 025
TOTAL	1 840 394	9 677 266	58 944 848	69 033 165
Dépenses (yens) :				
État.	926 548	2 166 199	9 463 971	11 129 154
Compagnies. . .	»	2 437 138	17 175 241	21 026 020
TOTAL	926 548	4 603 337	26 639 212	32 155 174
Produits nets (y.) :				
État.	913 846	2 414 433	11 942 166	12 926 986
Compagnies. . .	»	2 659 496	20 363 470	23 951 005
TOTAL	913 846	5 073 929	32 305 636	36 877 991

En 1882-1883, les 183 kilomètres exploités par l'État japonais avaient donné 1 840 394 yens de recettes et 926 548 yens de dépenses, laissant un produit net de 913 846 yens, soit par kilomètre : 10 056 yens de recettes, 5 063 yens de dépenses et 4 993 yens de produit net. Le coefficient des dépenses, par rapport aux recettes brutes, était alors de 50,34 pour 100.

Pour l'exercice 1892-1893, les résultats de l'exploitation des 885 kilomètres de l'Etat ont été de 4 580 632 yens en recettes, 2 166 199 yens en dépenses, laissant 2 414 333 yens de produit net : Moyennes kilométriques : recettes, 5 153 yens ; dépenses, 2 447 yens : produit net, 2 706 yens : coefficient de dépenses, 47,49 pour 100.

Pendant le même exercice, les 2 124 kilomètres exploités par les Compagnies privées ont eu 5 096 634 yens de recettes, dont 954 724 yens de subventions ; 2 427 138 yens de dépenses et 2 659 496 yens de produit net. Moyennes kilométriques : recettes, 2 399 yens ; dépenses, 1 148 yens ; produit net, 1 251 yens ; coefficient de dépenses, 47,82 pour 100.

Enfin, pour le dernier exercice connu, l'exercice 1905-1906, les 2 465 kilomètres exploités par l'Etat ont donné 24 056 140 yens de recettes, 11 129 154 yens de dépenses, et 12 926 986 yens de produit net. Moyennes kilométriques : recettes, 9 759 yens ; dépenses, 4 515 yens ; produit net, 5 244 yens ; coefficient de dépenses, 46,3 pour 100.

Les Compagnies privées, dont le réseau en exploitation atteignait un total de 5 228 kilomètres en 1905-1906, ont effectué, pendant le même exercice, 44 977 025 yens de recettes, 21 026 020 yens de dépenses et 23 951 005 yens de produit net. Aux recettes ordinaires, il convient d'ajouter 46 109 yens de subventions, et 2 400 271 yens de recettes extraordinaires, tandis que le chiffre des dépenses ordinaires doit être augmenté de 3 052 056 yens, représentant le montant des paiements d'intérêt et autres dépenses extraordinaires. Moyennes kilométriques : recettes, 8 603 yens ; dépenses, 4 022 yens ; produit net, 4 581 yens ; coefficient de dépenses, 46,8 pour 100.

A treize ans d'intervalle, le réseau japonais en exploitation a augmenté de 4 684 kilomètres, ou 155 pour 100, et les recettes totales de ce réseau sont passées de 9 677 266 yens à 69 033 165 yens, soit une augmentation de plus de 600 pour 100. Pendant la même période, les recettes, dépenses et produit net kilométriques ont respectivement progressé de 154 pour 100, de 132 pour 100 et de 155 pour 100, et le coefficient général des dépenses, par rapport aux recettes, a, par contre, fléchi de 47,57 à 46,4 pour 100.

Si l'on traduit en francs les résultats du dernier exercice connu, on constate que, pour une recette kilométrique moyenne de 22 160 francs, subventions et recettes extraordinaires comprises, les Compagnies ont dépensé 10 360 francs et réalisé ainsi un bénéfice moyen kilométrique de 11 800 francs, toutes charges d'emprunt déduites.

Par rapport au capital engagé dans l'exploitation, ce bénéfice représente environ 8 pour 100. C'est un résultat considérable, prouvant l'habileté administrative des Japonais, car il ne faut pas oublier que les tarifs en vigueur au Japon sont sensiblement moins élevés que les tarifs de tous les réseaux de l'Europe, sans exception. En effet, les voyageurs de première classe y paient seulement 0 fr. 048 par kilomètre, ceux de deuxième classe 0 fr. 032 et ceux de troisième classe 0 fr. 016.

En appliquant ces tarifs au trajet de Paris à Lyon, par exemple (512 kilomètres), le voyage de première classe ne coûterait que 24 fr. 57, contre 57 fr. 35 ; celui en deuxième classe 16 fr. 38, contre 38 fr. 70, et celui de troisième classe 8 fr. 19, contre 25 fr. 25. Mais il faut ajouter, à la décharge des Compagnies françaises, que le personnel des chemins de fer japonais, malgré la hausse des salaires qui s'est produite entre 1890 et 1905 et dont nous parlerons plus loin, reçoit à peine le tiers des appointements du personnel français; que la marche moyenne des trains japonais ne dépasse pas 20 kilomètres à l'heure et que le charbon ne coûte aux Compagnies japonaises que 15 francs la tonne environ.

Le bas prix des tarifs de transport des voyageurs explique la part énorme que les recettes de cette nature apportent au trafic japonais : pour l'exercice 1905-1906, sur une recette d'ensemble de 69 033 165 yens, les recettes des voyageurs figurent pour 34 131 622 yens, c'est-à-dire tout près de 50 pour 100, alors qu'en France, sur 100 francs encaissés par nos Compagnies, les voyageurs fournissent seulement 33 francs.

* *

Nous avons signalé précédemment que c'est à partir de 1883 que le gouvernement japonais autorisa, et sous certaines restrictions, les sociétés privées à construire des lignes au moyen de capitaux recueillis par souscription publique. Diverses lois, promulguées en 1887 et en 1900, vinrent compléter la législation relative aux chemins de fer, tant au point de vue de l'Etat qu'à celui des Compagnies. Mais ces lois étaient encore trop restrictives pour permettre aux sociétés privées d'attirer les capitaux étrangers, auxquels elles ne pouvaient offrir que des garanties insuffisantes. Aussi le gouvernement fut-il amené à promulguer, en mars 1905, la « loi sur l'hypothèque des Chemins de fer », qui permet maintenant à une Compagnie d'emprunter sur son matériel et ses terrains, pourvu que la valeur des biens hypothéqués, jointe à celle des dépenses engagées, ne dépasse pas celle du capital entièrement versé.

Cette loi ne peut évidemment que contribuer d'une manière très efficace au développement des chemins de fer de l'Empire en leur attirant le concours d'obligataires étrangers.

Cependant, l'absence d'un plan général pour l'établissement des voies ferrées pouvait avoir de graves inconvénients. Alors que l'Etat, dans un but d'intérêt public, ne craignait pas de construire des lignes dans des régions parfois très accidentées, les Compagnies s'efforçaient naturellement, par économie, de choisir des tracés plus faciles. De là la différence dans les dépenses de premier établissement qui, pour l'Etat, atteignent 55 266 yens par kilomètre, non compris le matériel roulant, ou, avec ce matériel, 64 683 yens, tandis que, pour les Compagnies, les chiffres respectifs sont 37 882 et 46 400 yens.

C'est pourquoi fut promulguée, en 1892, la « Loi sur la Construction des Chemins de fer », qui indiquait les lignes les plus importantes qu'il y avait à construire à travers tout le pays.

Mais le grand nombre des Compagnies privées est toujours un obstacle à la régularité et à la rapidité du service, particulièrement pour les trajets directs sur de longues distances. Aussi le gouvernement, après la guerre, a-t-il conçu le projet de transférer à l'Etat, en pleine propriété, tous les chemins de fer d'intérêt général, en laissant de côté ceux d'une importance plutôt locale. A cet effet, il soumit, en 1906, à la Diète impériale, un plan de *nationalisation* de lignes appartenant à trente-deux Compagnies privées. Le projet fut adopté par les deux Chambres, après un amendement apporté par la Chambre des Pairs, réduisant à dix-sept le nombre des Compagnies dont les lignes seraient rachetées, et augmentant les délais pour en effectuer la prise en possession.

Les dix-sept Compagnies dont les lignes doivent être acquises par l'Etat, conformément à la « Loi sur la Nationalisation des Chemins de fer », qui a été publiée, le 31 mars 1906, au *Journal Officiel*, sont les suivantes : Nippon, Sanyo, Kobu, Kwansaï, Kioto, Hankaku, Hoku-yetsu, Nishinari, Nanao, Ganyetsu, Kiu-Shiu, Hokkaïdo-Tanko, Hokkaïdo, Sangu, Sobu, Boso et Tokushima.

Les voies de ces Compagnies ont une longueur totale de 4 525 kilomètres, ayant nécessité, pour frais d'établissement, 229 millions de yens ; toutes ont une très grosse importance au point de vue du trafic général. Le gouvernement a dix ans, de 1906 à 1915, pour en opérer le rachat et le prix doit être réglé dans les cinq années qui suivront la prise en possession, en rentes sur l'Etat, portant intérêt à 5 pour 100, et d'après leur valeur nominale.

Le montant de l'emprunt public, qui sera émis pour payer le rachat, est évalué à un minimum de 421 millions de yens. Les produits nets annuels des chemins de fer précités semblent suffisants pour faire face aux intérêts de cet emprunt ; on estime, en outre, que les économies qui résulteront de l'unité de direction, d'une part, et, d'autre part, l'augmentation probable des recettes, permettront le remboursement du principal en l'espace de trente-deux ans.

En exécution de la loi du 31 mars 1906 le gouvernement japonais a acheté, dès le mois de juin suivant, le chemin de fer coréen de Séoul à Fusan ; puis, en octobre, les lignes japonaises Hokkaïdo-Tanko et de Kobu ; en novembre les lignes Nippon et Ganyetsu et en décembre les lignes de Sanyo et de Nishinari.

Pour le rachat du chemin de fer de Séoul-Fusan il a été émis un emprunt de 20 016 500 yens ; quant aux six lignes japonaises rachetées l'emprunt à émettre sera de 248 millions de yens environ.

En ce qui concerne les chemins de fer du sud de la Mandchourie, dont nous parlerons plus loin, le gouvernement a créé une Compagnie spéciale : la *South-Manchurian Railw. C°* à laquelle l'autorité militaire japonaise a cédé depuis le 1er avril 1907 les anciennes lignes russes de l'*Est-Chinois*.

*
* *

C'est en 1895 que les tramways à traction électrique firent leur apparition au Japon. La première voie construite est celle qui fut, la même année, inaugurée à Kioto, lors de l'Exposition nationale industrielle ; elle avait environ 13 kilomètres de longueur. De nouvelles voies ont été depuis établies dans quelques-unes des principales villes de l'Empire, et l'on compte aujourd'hui 18 Compagnies de Tramways électriques, représentant un capital total de 37 millions 984 673 yens, dont 26 203 423 yens actuellement versés, avec 209 kilomètres de voie en exploitation et 132 kilomètres en construction.

Le tableau ci-après montre les progrès réalisés au cours des dix dernières années :

Les Tramways Electriques au Japon.

	1896	1900	1905
Nombre de Compagnies. . .	3	9	18
Longueur des lignes en exploitation. . . (kilom.).	41	66	209
Longueur des lignes en construction.. . . (kilom.).	6	9	132
Capitaux autorisés. (yens).	1 385 000	7 050 000	37 984 673
— versés.. . (yens).	1 135 000	4 155 098	26 203 423
Voyageurs transportés.. . .	23 890 489	40 531 627	124 457 612
Recettes. . . . . (yens).	550 597	1 646 147	4 412 054
Dépenses. . . . . (yens).	269 182	902 899	2 586 986
Bénéfices. . . . . (yens).	281 415	743 248	1 825 068

Ces chiffres font bien ressortir la rapidité des résultats obtenus. Toutefois, il convient de dire que la plupart des Compagnies de tramways ne retirent pas encore de leur entreprise tous les profits qu'elles semblent devoir en attendre. Quelques-unes, par contre, se trouvent dans une situation fort satisfaisante; nous citerons, par exemple, la Compagnie de Tokio, dont les dividendes annuels ne sont pas inférieurs à 10 pour 100.

VIII

La marine marchande et le mouvement maritime.

Effectif de la flotte marchande japonaise. — Primes à la construction et à la navigation. — Tonnage dans les ports japonais par pavillon. — Commerce maritime de Kobé et de Yokohama. — Principales compagnies japonaises de navigation à vapeur.

Par sa situation géographique, le Japon est surtout un pays maritime ; il est donc rationnel qu'il ait augmenté sa marine marchande en même temps que ses moyens de transports intérieurs, et que son commerce international ait suivi le développement de sa flotte marchande[1]; mais il n'en faut pas moins reconnaître que la rapidité et l'importance des résultats obtenus depuis une quinzaine d'années sont vraiment extraordinaires, ainsi que le montre le tableau suivant :

---

1. Sous l'ancien régime féodal les relations commerciales entre le Nippon et l'étranger étaient soumises à de telles restrictions qu'aucun sujet du Mikado n'avait le droit de posséder de navires du type européen. La navigation indigène ne s'exerçait alors que sur les côtes et dans les baies intérieures du Japon, et ce n'est qu'après la Révolution de 1868 que le nouveau gouvernement mikadonal proclama la liberté de l'armement en faveur des sujets japonais.

Effectif *de la Marine marchande japonaise de 1893 à 1906.*

1er JANVIER des ANNÉES	NAVIRES A VOILE		NAVIRES A VAPEUR		TOTAUX	
	Navires	Tonn.	Navires	Tonn.	Navires	Tonn.
1893. . .	780	49 085	642	165 764	1 422	214 849
1894. . .	749	48 303	680	176 915	1 429	225 218
1895. . .	722	46 959	745	273 419	1 467	320 378
1896. . .	702	44 794	827	341 369	1 529	386 163
1897. . .	644	44 055	899	373 588	1 543	417 643
1898. . .	715	48 130	1 032	438 779	1 747	486 908
1899. . .	1 914	170 894	1 130	477 430	3 044	648 324
1900. . .	3 322	286 923	1 221	510 007	4 543	796 030
1901. . .	3 850	320 571	1 329	543 365	5 179	863 936
1902. . .	4 020	336 436	1 395	583 532	5 415	917 863
1903. . .	3 977	336 154	1 441	610 446	5 418	946 605
1904. . .	3 934	328 953	1 570	663 220	5 504	992 170
1905. . .	3 940	329 125	1 815	798 240	5 755	1 127 368
1906. . .	4 121	336 496	1 977	939 594	6 098	1 276 090

En l'espace de quatorze années, le tonnage total de la marine marchande japonaise a donc augmenté de 1 061 241 tonneaux, or, il faut observer que sur ces chiffres, les navires à vapeur représentent, à eux seuls, une part de 773 830 tonneaux, soit une proportion de 73 pour 100 dans l'augmentation totale.

C'est surtout en grands steamers, construits en Angleterre, en Allemagne et aux Etats-Unis, que la flotte marchande japonaise s'est accrue entre 1872 — date de la création de la première Compagnie japonaise de bateaux à vapeur — et 1896 ; mais nous avons expliqué dans le *Péril jaune* [1] que grâce aux progrès considérables

---

1. Le *Péril Jaune,* un volume ; librairie de *l'Économiste Européen :* Paris 1901.

que les Japonais avaient réalisés depuis la guerre contre la Chine dans l'industrie de la construction des navires à vapeur, ils étaient actuellement en mesure de se passer de l'étranger et de construire eux-mêmes les bâtiments nécessaires à l'extraordinaire développement de leur marine marchande.

A la fin de 1903, on comptait déjà au Japon 205 chantiers navals et 32 docks privés, pouvant construire avec succès de petits bateaux de guerre et de grands navires marchands de 6 000 tonnes et au-dessus : à la fin de 1906 la puissance de production des chantiers japonais était environ d'un tiers supérieure à celle de la fin de 1903.

Ce qui a particulièrement favorisé l'accroissement de la marine à vapeur et de la construction navale au Japon, c'est la loi promulguée au commencement de 1896 sur les primes à la construction et à la navigation.

En vertu de cette loi, une prime à la construction de 20 yens par tonneau de jauge et de 5 yens par cheval-vapeur, est accordée à tout navire construit dans les chantiers japonais à l'aide de matériaux d'origine japonaise. Les navires, dont des étrangers seraient copropriétaires, n'ont pas droit à cette prime. Cette dernière clause implique l'exclusion absolue du capital étranger dans les entreprises de navigation japonaise.

Les primes à la navigation sont variables selon

la vitesse et la jauge des navires : Les plus faibles représentent environ 0 fr. 65 par mille parcouru et les plus fortes — applicables aux grands steamers filant plus de 14 nœuds — atteignent 1 fr. 55 par mille.

Il est manifeste que la loi de février 1896 — dont les conditions ont été légèrement modifiées par une nouvelle loi de mars 1899 — a atteint le triple résultat que le gouvernement japonais voulait en obtenir : 1° développer les chantiers maritimes et l'industrie métallurgique indigènes; 2° accroître immédiatement le nombre des grands navires à vapeur pouvant, en cas de guerre, être utilisés comme croiseurs ou comme transports; 3° assurer à la flotte marchande japonaise la plus grande part possible du nouveau commerce maritime du pays.

Il convient de signaler ici que la récente guerre avec la Russie a été un stimulant pour le progrès de la construction navale au Japon; d'autre part, elle a nécessité l'achat de bateaux étrangers, qui ont été affrétés et spécialement autorisés à assurer le commerce côtier, et qui sont venus augmenter le nombre des navires marchands : Par exemple en 1904 la marine marchande japonaise a perdu 71 000 tonneaux pour faits de guerre; mais pendant cette même année le Japon s'étant procuré 204 000 tonneaux de nouveaux bâtiments à vapeur, dont 27 000 tonneaux construits par les chantiers indigènes et 177 000 tonneaux achetés à l'étranger, l'ef-

fectif net a augmenté de 133 000 tx. Au commencement de 1906, le tonnage total de la
marine marchande japonaise atteignait 1 276 090
tx., dont 939 594 tx. pour la navigation à
vapeur.

Si nous nous en rapportons à notre statistique
officielle, nous constatons qu'au 1er janvier 1893,
le tonnage de la marine marchande à vapeur
française atteignait 397 000 tonneaux : elle était
alors supérieure de 231 000 tonneaux, ou 200 pour
100 à la marine marchande à vapeur japonaise. Au
1er janvier 1906, cette dernière dépassait la nôtre
de 228 567 tx., c'est-à-dire de 32 pour 100.

Le développement de la marine marchande à
vapeur japonaise se traduit ainsi :

Navigation japonaise au long cours.
Tonnage des bateaux arrivés dans les ports du Japon.
Entrées seulement.

PAVILLONS	1893	1899	DIFFÉRENCE EN 1899
	Tonneaux.	Tonneaux.	Tonneaux.
Japonais. . . .	318 163	1 326 334	+ 918 171
Anglais.. . . .	1 258 305	1 225 982	— 32 323
Allemands. . .	268 873	252 199	— 16 674
Divers.	368 879	725 151	+ 356 272
TOTAL.. . .	2 214 220	3 439 666	+ 1 225 446

PAVILLONS	1900	1906	DIFFÉRENCE EN 1906
	Tonneaux.	Tonneaux.	Tonneaux.
Japonais. . . .	3 363 657	7 257 088	+ 3 893 431
Anglais.. . . .	3 739 154	5 766 670	+ 2 027 516
Allemands. . .	1 030 768	1 910 704	+ 879 936
Divers.	1 473 173	4 022 134	+ 2 548 961
TOTAL.. . .	9 606 752	18 956 596	+ 9 349 844

Nous avons dû diviser les quatorze années en deux périodes parce que, jusqu'en 1899, la statistique officielle japonaise n'enregistrait qu'une seule entrée au Japon par chaque navire (japonais ou étranger) venant des pays extérieurs, quel que fût le nombre de ports japonais visités par ledit navire ; mais à partir de 1900, tous les navires au long cours sont enregistrés autant de fois qu'ils entrent dans les divers ports du Japon : Pour éviter toute confusion, il convient donc de séparer les résultats des deux régimes.

En 1904, comme conséquence de la guerre, l'ensemble du tonnage des bateaux arrivés dans les ports du Japon, tomba à 11 376 982 tonneaux, contre 13 419 418 tonneaux en 1903 et cette diminution fut tout entière supportée par la flotte marchande japonaise dont l'Etat avait réquisitionné les meilleurs navires pour le service de ses transports ; mais, en 1905 le tonnage total se releva à 14 259 537 tonneaux.

Pour en revenir à nos tableaux de la navigation au long cours, on voit qu'entre les années 1893 et 1899 (sept années) le chiffre total des entrées a augmenté de 1 225 446 tonneaux et, sur cette augmentation, la part de la marine marchande japonaise a été de 918 171 tonneaux ou 75 pour 100. En 1893 le tonnage japonais ne représentait que 14,4 pour 100 du tonnage total ; en 1899 la proportion atteint 35,9 %.

Avec la nouvelle statistique, portant sur les

sept années 1900-1906, nous constatons que le tonnage des entrées ayant augmenté de 9 millions 349 844 tonneaux, la marine japonaise figure dans cette augmentation pour 3 893 431 tonneaux, soit environ 42 pour 100. En 1900, la proportion du tonnage japonais atteignait les 35,0 pour 100 du tonnage total ; en 1906, cette proportion s'est élevée à 38,2 pour 100.

D'ailleurs, pour donner une idée encore plus précise de l'énorme extension du trafic maritime japonais, il nous suffira de reproduire la valeur du commerce annuel de Kobé, le grand port du sud du Japon, et de Yokohama, le grand port du nord, en 1895, année qui précéda la mise en application de la loi sur les primes à la construction et à la navigation, et pendant les dix années qui suivirent :

**Valeur du commerce maritime
de Kobé et de Yokohama, de 1895 à 1905.**

ANNÉES	KOBÉ	YOKOHAMA	TOTAL DES DEUX PORTS
	Yens.	Yens.	Yens.
1895.	101 406 381	140 887 463	242 203 844
1896.	122 864 409	134 499 906	257 364 315
1897.	162 149 910	177 537 839	339 687 749
1898.	198 253 443	191 326 574	389 580 017
1899.	195 610 216	184 738 827	380 349 043
1900.	226 654 351	205 986 347	432 640 698
1901.	226 172 475	222 443 556	448 616 031
1902.	219 264 254	228 308 181	447 572 435
1903.	245 052 229	257 459 406	502 511 635
1904.	262 831 379	306 544 664	569 376 043
1905.	313 072 684	334 301 705	647 374 389
1906.	302 795 431	349 917 752	652 713 183

Ces chiffres montrent surabondamment que

la loi japonaise de 1896 sur les primes à la construction et à la navigation a bien donné les résultats que le gouvernement du Mikado en espérait..., mais il faut ajouter que le total des crédits, primes et subventions payé annuellement par le Trésor japonais aux Compagnies et armateurs indigènes, n'est pas inférieur à 30 millions de francs.

A la fin de l'année 1905, la flotte marchande japonaise comprenait 1 977 vapeurs, jaugeant 939 594 tonneaux, soit une capacité moyenne de 475 tonneaux par navire : 1 390 de ces vapeurs avaient 20 tonneaux et au-dessus, et 587, moins de 20 tonneaux.

Sur les 1 390 navires d'une capacité supérieure à 20 tonneaux, 1 033 avaient été construits au Japon et 357 provenaient d'achats faits à l'étranger ; mais il convient d'observer que sur les 1 033 vapeurs sortant des chantiers japonais, 875 étaient en bois et d'une capacité moyenne d'à peine 120 tonneaux.

En ne considérant que les vapeurs en fer ou acier de 1 000 tonneaux et au-dessus, on constate que la flotte marchande japonaise, à la fin de 1905, possédait 292 de ces vapeurs jaugeant 743 579 tonneaux et que, sur cet effectif, les chantiers japonais avaient fourni 37 navires, représentant 96 969 tonneaux ; l'Angleterre, 204 navires, représentant 548 222 tonneaux ; l'Allemagne, 17 navires, représentant 28 562 tonneaux, et les autres pays constructeurs : 34 navires, représentant 69 826 tonneaux.

C'est donc l'Angleterre qui a été, et qui est encore, le grand centre d'approvisionnement de vapeurs pour la marine marchande nipponne. D'après la statistique douanière japonaise, elle lui en a fourni pour 23 554 000 yens (60 769 000 francs) entre 1899 et 1905 inclus, dont 7 992 000 et 5 015 000 yens pour les années 1904 et 1905 ; mais il faut remarquer que ces deux dernières années ont été des années de guerre et les chantiers japonais finiront à la longue par satisfaire tous les besoins de la marine marchande indigène, car à la fin de 1905, ils avaient déjà construit : 30 vapeurs de 1 000 à 3 000 tonneaux ; 2 vapeurs de 5 000 à 6 000 tonneaux ; 4 vapeurs de 6 000 à 7 000 tonneaux, et 1 vapeur de 7 463 tonneaux.

Au point de vue de l'âge, sur les 1 390 vapeurs japonais jaugeant 20 tonneaux et au-dessus, 926, représentant 428 403 tonneaux, avaient moins de 15 années à la fin de 1905, et sur ce tonnage, 191 steamers en acier figuraient pour 342 760 tonneaux. Quant à la vitesse, 280 de ces navires (382 305 tonneaux) filaient de 10 à 12 nœuds ; 73 (148 176 tonneaux) de 12 à 14 nœuds ; 32 (153 405 tonneaux) de 14 à 16 nœuds, et 7 (36 893 tonneaux) plus de 16 nœuds.

Le Japon compte aujourd'hui un grand nombre de Compagnies de navigation maritime, dont la plus importante, la *Nippon Yousen Kaïsha* (Compagnie des Paquebots-postes japonais), fut créée en 1885 par la fusion des deux premières Compagnies japonaises : la *Mitsubishi* et la *Kyôdo Unyn*.

La *Nippon Yousen Kaïsha* possédait, au commencement de 1906, 73 vapeurs jaugeant 250 904 tonneaux. Après elle viennent : l'*Osaka-Shôsen Kaïsha*, fondée en 1884, dont la flotte est composée de 97 navires, surtout en bois, jaugeant 92 280 tonneaux ; et la *Mitsui-Bussan*, disposant de 39 vapeurs représentant 99 522 tonneaux.

Le tableau suivant donne l'effectif des huit principales Compagnies japonaises avec leur capital versé et leurs bénéfices nets en 1905 :

État *des huit principales* **Compagnies Japonaises** de navigation à vapeur *au commencement de 1906* :

COMPAGNIES	NAVIRES ARMÉS		CAPITAL VERSÉ	BÉNÉFICES NETS EN 1905
	Nombre	Tonnage.	Yens.	Yens.
Nippon Yousen-Kaïsha..	73	250 904	22 000 000	3 010 482
Osaka-Shosen. . . .	97	92 280	9 625 000	2 130 472
Mitsui-Bussan. . . .	39	99 522	2 279 034	216 934
Toyo-Kisen.. . . .	5	27 541	3 250 000	378 412
Tatsuma..	9	17 273	415 000	159 199
Nippon Shosen.. . .	6	11 151	469 000	196 678
Tchüyetsu-Kisen. . .	5	9 126	192 500	108 422
Yapa-Kisen.. . . .	8	2 849	200 000	33 702
Totaux. . . .	242	510 448	38 410 534	6 234 301

La *Nippon Yousen Kaïsha* a des services réguliers — depuis 1896 — sur l'Europe, l'Amérique, l'Australie et les principaux ports de la mer du Japon ; l'*Osaka-Shôsen Kaïsha* dessert spécialement les grands ports de la Chine : Shanghaï, Hong-Kong, Hangkow, etc. ; la *Toyo-Kisen Kaïsha* (Compagnie orientale de navigation à vapeur) a établi un service rapide entre le Japon et les États-Unis. Des services hebdomadaires rayonnent dans la direction de la Chine du Nord, avec escales dans les ports coréens, etc. Toutes ces lignes sont subventionnées par le gouvernement japonais, mais elles sont également desservies par des navires appartenant à des maisons particulières d'armement, qui jouissent des primes à la navigation dans les conditions prévues par la législation japonaise.

IX

Les Banques et la circulation monétaire au Japon.

La loi de 1872 sur la pluralité des banques d'émission. — Changement de système en 1882. — Création de la Banque du Japon avec privilège de l'émission unique. — Circulation fiduciaire et stock monétaire japonais. — Réforme monétaire de 1897. — Cours moyen du yen de 1893 à 1905. — Situation des banques japonaises à la fin de 1905.

Avant la Révolution de 1868, il n'existait aucune banque japonaise proprement dite ; le nouveau gouvernement, ayant bien vite compris que l'organisation du crédit et l'élargissement de la circulation monétaire étaient les conditions essentielles du développement du commerce et de l'industrie indigènes, envoya plusieurs missions à l'étranger pour étudier le système de banque nationale qui conviendrait le mieux au pays ; et, comme suite à cette étude, une loi de novembre 1872 créa au Japon le régime de la pluralité des banques d'émission d'après le principe en vigueur aux États-Unis.

Le gouvernement japonais poursuivait alors un double but : 1° restaurer la circulation monétaire compromise par les émissions considérables de papier-monnaie effectuées par l'Etat ; 2° consolider les rentes dites *Kinroku-Kasaï*, créées pour racheter les droits des Daïmyos, ou grands seigneurs féodaux, et de leurs vassaux.

Chaque banque, fondée d'après les dispositions de la loi de 1872, devait employer 60 pour 100 de son capital en papier-monnaie de l'Etat et convertir ce papier-monnaie en titres de rente, dite « substituée au papier-monnaie », que le Trésor japonais devait conserver en garantie des nouveaux billets mis en circulation par la banque. Toutes les banques qui avaient rempli cette obligation et qui justifiaient 40 pour 100 de leur capital en espèces métalliques d'or et d'argent, pouvaient mettre en circulation des billets remboursables à vue jusqu'à concurrence d'une fois et demie la valeur de leur capital social.

Cette première tentative ne donna que des résultats négatifs : quatre banques seulement ayant un capital versé de 2 450 000 yens et une circulation fiduciaire de 1 420 000 yens fonctionnaient à la fin de 1875. A cette date, la circulation du papier-monnaie d'Etat atteignait 99 071 870 yens, le total des espèces métalliques existant dans tout le pays ne dépassait pas — d'après la statistique officielle japonaise — 54 millions de yens, et la dette publique du Japon s'élevait à 56 417 755 yens, dont 14 893 760 yens d'emprunts étrangers à 7 et 9 pour 100.

La dépréciation du papier-monnaie d'État s'étant fortement aggravée, le gouvernement, en

août 1876, modifia le régime des banques nationales dans un sens plus libéral, en élevant la
limite des titres à déposer au Trésor en garantie
du remboursement des billets et en abaissant à
25 pour 100, au lieu de 40 pour 100, la réserve
en espèces métalliques.

Cette loi provoqua la création d'un grand nombre de nouvelles banques nationales, car, en
1881, il y en avait 148 en exercice — contre 4
en 1875 ; — leur capital versé atteignait 43 996 100
yens et leur circulation fiduciaire 34 396 818 yens.
Mais il en résulta une telle fièvre de spéculation
et une telle baisse pour le papier-monnaie et les
rentes de l'Etat, que le gouvernement dut modifier, radicalement cette fois, le régime des banques d'émission et créer lui-même la *Banque du
Japon* avec le but d'unifier, par son intermédiaire, toute la circulation fiduciaire japonaise
et d'arriver finalement au système d'une Banque
unique d'émission, tel qu'il fonctionne en France,
en Allemagne, en Angleterre, etc...

Pour réaliser ce nouveau programme, il fut
décidé, en 1882, sur la proposition du comte
Matsukata, qu'aucune nouvelle charte d'émission fiduciaire ne serait accordée dans l'avenir ;
qu'une Banque centrale aurait le privilège unique
d'émission ; que cette Banque unique serait la
Banque du Japon et que toutes les banques
nationales en exercice devraient avoir liquidé
leurs opérations d'émission à l'expiration de leur
concession ou dans un délai maximum de vingt

années à partir de la date de réception de leur charte.

La *Banque du Japon* fut chargée de retirer progressivement de la circulation les billets émis par l'Etat et par les 143 banques nationales existant en 1882 ; enfin, deux autres lois, promulguées en mars 1896, ont accéléré la liquidation et la transformation en banques ordinaires des dernières banques nationales qui ont complètement disparu du Japon depuis le mois de janvier 1899.

Le tableau suivant va nous donner la situation et le détail de la circulation fiduciaire japonaise par période quinquennale, ainsi que pour chacune des cinq dernières années :

Circulation fiduciaire japonaise *par période quinquennale et montant de la* **Dette publique.**

(Milliers de yens.)

ANNÉES	CIRCULATION PAPIER OU FIDUCIAIRE				MONTANT de la DETTE publique
	ÉTAT	BANQUES nationales	BANQUE du Japon	TOTAL	
1870.. . . .	55 500	»	»	55 500	4 880
1875.. . . .	99 072	1 420	»	100 492	56 418
1880.. . . .	124 940	34 426	»	159 366	246 744
1885.. . . .	88 345	30 155	3 956	122 456	239 499
1890.. . . .	33 273	25 811	102 931	162 015	255 228
1895.. . . .	11 129	20797	180 937	213 263	295 807
1900.. . . .	1 768	484	228 570	230 822	506 167
1901-02.. . .	»	»	214 097	214 097	524 226
1902-03.. . .	»	»	232 094	232 094	552 181
1903-04.. . .	»	»	232 920	232 920	561 570
1904-05.. . .	»	»	286 625	286 625	991 288
1905-06.. . .	»	»	312 791	312 791	1 872 381
1906-07.. . .	»	»	341 766	341 766	2 217 723

La *Banque du Japon* a été naturellement le pivot de la grande réforme monétaire de 1897, en vertu de laquelle l'étalon d'or a été introduit dans l'empire ; elle centralise aujourd'hui toute la circulation fiduciaire japonaise, dont le chiffre est toujours allé en augmentant, de même, d'ailleurs, que celui de la dette publique nationale.

Fondée en 1882, au capital social de 10 millions de yens, dont 2 millions de yens versés, la *Banque du Japon* a successivement porté ce capital à 20 millions en 1887 et à 30 millions en 1895 ; la totalité du capital est actuellement versée et les réserves de l'établissement s'élevaient à 18 800 000 yens à la fin de 1905. Ses opérations consistent : 1° à escompter ou à négocier les billets émis par le gouvernement, les traites et les effets de commerce ; 2° à acheter ou à vendre l'or et l'argent en lingots ; 3° à faire des avances sur nantissement d'or ou d'argent monnayé ou en lingots ; 4° à effectuer des encaissements pour le public ; 5° à recevoir du numéraire en compte courant et des titres en dépôt ; 6° à ouvrir des crédits ou faire des avances sur titres garantis par l'Etat japonais ; 7° enfin, à exécuter le service du Trésor.

Les billets mis en circulation par la *Banque du Japon* ont d'abord comme contre-partie ses réserves en or et argent monnayés ou en lingots ; mais la Banque a en outre le privilège d'émettre librement, jusqu'à concurrence de 120 millions de yens, des billets gagés par des rentes et bons de l'Etat, des valeurs ou des effets de commerce d'un bon crédit. Au delà de ces 120 millions, la circulation supplémentaire paie une redevance de 5 pour 100 par an au profit de l'Etat.

Cette limite n'était que de 85 millions avant 1899 et de 70 millions avant 1890.

A la fin de 1895, pour une circulation totale de 180 336 815 yens, la circulation gagée par la réserve métallique était seulement de 60 370 797 yens, dont 28 859 997 millions d'argent; sur le surplus, la *Banque du Japon,* après déduction des 85 millions librement autorisés, payait la redevance de 5 pour 100 pour 34 966 018 yens.

En 1904, 1905 et 1906 le montant de la circulation fiduciaire fut considérablement augmenté, en raison des besoins créés par la guerre avec la Russie. C'est ainsi que le montant du papier émis passa brusquement de 232 920 563 yens en 1903 à 286 625 752 yens en 1904 pour atteindre 341 766 164 yens à la fin de 1906. Sur ces deux derniers chiffres, 26 259 000 yens en 1904 et 35 218 000 yens en 1906 représentent les envois de billets de banque en Corée, Mandchourie, et autres points des opérations de guerre. Les années 1904, 1905 et 1906 se trouvant, comme on le voit, dans des conditions anormales, nous prendrons comme termes de comparaison les chiffres de 1903, qui devient ainsi la dernière année pour laquelle on possède actuellement des statistiques officielles.

A la fin de 1903, la circulation fiduciaire totale s'élevait à 232 920 563 yens, et la réserve métallique atteignait 116 962 184 yens d'or ; ce qui revient à dire que la circulation gagée par les rentes, bons du Trésor, valeurs et effets de commerce, se trouvait inférieure de 4 041 621 yens à la limite librement autorisée de 120 millions de yens.

La qualité de la circulation fiduciaire japonaise s'était donc sérieusement améliorée entre 1895 et 1903.

L'Administration japonaise recense chaque année le stock monétaire existant dans le pays par les procédés en usage aux Etats-Unis, et voici les résultats de ce recensement pour les années 1890, 1896, 1905 et 1906.

Stock monétaire japonais.

(Milliers de yens.)

DÉSIGNATION	1890	1896	1905	1906
Or dans le pays. . . .	16 272	12 811	51 464	55 595
— à la Banque. . . .	24 994	90 935	115 595	147 202
TOTAL de l'or . . .	41 266	103 746	167 059	202 797
Argent dans le pays. . .	39 554	74 206	74 085	82 387
— à la Banque. . .	19 629	41 795	»	»
TOTAL de l'argent . .	59 183	116 001	74 085	82 387
TOTAL GÉNÉRAL . . .	100 449	219 747	241 144	285 184

Ce tableau nous permet de discuter les conséquences de la réforme monétaire de 1897 : Entre 1896 et 1906, le stock d'or du Japon a augmenté de 99 051 000 yens ; mais il ne faut pas perdre de vue qu'en 1896, le yen d'or, encore sous le régime de la loi de 1871, pesait 1^{gr},667 au titre de 900 millièmes et valait exactement 5 fr. 16.

Avec la réforme de 1897, le yen d'or a été dévalué de la moitié, ce qui revient à dire que son poids de fin à 900 millièmes et sa valeur ont été ramenés à 0^{gr},833 et à 2 fr. 58 ; par conséquent le stock d'or japonais, qui valait 536 329 000 francs en 1896, ne vaut plus que 523 216 000 francs en 1906, malgré l'augmentation nominale de 99 051 000 yens constatée par le tableau précédent.

La diminution est encore plus sensible pour les yens d'argent : En 1896, le yen d'argent valait 2 fr. 73 d'or, soit 316 680 000 francs d'or pour les 116 millions de yens existant alors dans le pays ; en 1906, les 82 387 000 yens d'argent ne valent que 230 683 000 francs d'or. Il s'ensuit que, malgré la réforme monétaire de 1897, qui a doté le Japon de l'étalon d'or, le stock métallique de ce pays n'avait plus, à la fin de 1906, qu'une valeur totale de 753 899 000 francs, contre 850 011 000 francs à la fin de 1896.

Le cours du yen japonais sur l'étranger s'est cependant maintenu aux environs de la parité établie par la réforme de 1897, ainsi qu'en témoigne le tableau ci-après donnant le taux moyen annuel du change entre Yokohama et les principaux marchés financiers du monde :

Cours de Yen Japonais de Yokohama sur l'étranger.

MOYENNE DES ANNÉES	PARIS FRANCS	LONDRES SH. D.	N.-YORK DOLLAR-OR	BERLIN MARKS	SHANGHAI TAEL ARG.
Parité yen d'argent = 5 fr. 16.					
1893. . . .	3 22	2 067	0 621	2 59	0 719
1894. . . .	2 63	2 012	0 508	2 12	0 725
1895. . . .	2 65	2 013	0 512	2 14	0 715
1896. . . .	2 73	2 020	0 527	2 21	0 722
Parité yen d'or = 2 fr. 58.					
1897. . . .	2 56	2 004	0 493	2 07	0 754
1898. . . .	2 55	2 003	0 491	2 06	0 776
1899. . . .	2 58	2 006	0 498	2 09	0 755
1900. . . .	2 55	2 003	0 493	2 07	0 721
1901. . . .	2 55	2 003	0 494	2 07	0 752
1902. . . .	2 57	2 006	0 498	2 08	0 866
1903. . . .	2 57	2 005	0 498	2 09	0 864
1904. . . .	2 54	2 002	0 492	2 06	0 779
1905. . . .	2 55	2 003	0 494	2 07	0 748
1906. . . .	2 56	2 005	0 495	2 09	0 687

Malgré les énormes dépenses d'ordre extérieur que le Japon a effectuées depuis 1897, pour son expansion militaire et maritime et sa préparation de la guerre avec la Russie, et malgré le déficit de sa balance commerciale, qui a atteint le total de 573 millions de yens ou 1 478 millions de francs pour la période 1896-1905 : le Japon a pu conserver son change sur l'étranger aux environs du nouveau pair 2 fr. 58 d'or ; mais ce résultat n'a été obtenu que grâce : 1° au règlement de l'indemnité de guerre chinoise, qui a donné au gouvernement du Mikado, en principal et intérêts, une somme de 365 529 067 yens d'or ou 942 millions de francs environ ; 2° aux divers emprunts qui ont été mis à l'étranger, et dont le montant atteignait 970 410 310 yens au

31 mars 1906, soit plus de 2 500 millions de francs.

Sans ces 3 442 millions de francs de recettes extraordinaires d'or, le Japon n'aurait pu ni maintenir son change au nouveau pair, ni faire face aux énormes dépenses de ces dernières années, puisque, en fin de compte, la valeur réelle de son stock monétaire intérieur a diminué d'environ 96 millions de francs entre 1896 et fin 1906, et que l'ensemble de sa dette publique s'est accru, pendant la même période, de 1 500 millions de yens, ou 3 870 millions de francs, sans compter l'augmentation des dettes locales ou municipales, dont le total s'élevait à 63 millions de yens, fin 1905, contre 10 millions de yens en 1896.

Quoi qu'il en soit de la situation monétaire et financière du Japon, sur laquelle nous reviendrons plus en détail quand nous ferons l'historique de ses finances publiques, il convient de reconnaître que la *Banque du Japon* a rendu un grand service au pays en liquidant l'ancien papier-monnaie inconvertible et en lui donnant une large circulation fiduciaire, laquelle a remédié, dans une certaine mesure, à l'extrême pénurie du stock monétaire national en permettant aux banques ordinaires de développer leurs moyens d'action et de faire face aux nouveaux besoins du commerce et de l'industrie indigènes.

En 1893, il n'y avait dans tout le Japon que

133 banques nationales, ayant un capital versé de 48 416 100 yens ; 604 banques ordinaires avec un capital versé de 31 030 248 yens ; 24 banques d'épargne avec 566 500 yens de capital versé ; enfin la *Banque du Japon* et la *Specie Bank* de Yokohama disposant respectivement d'un capital versé de 10 millions et 4 500 000 yens. Soit, au total, 762 établissements possédant un capital versé de 84 512 848 yens.

A la fin de 1905, le nombre et le capital des banques japonaises s'établissaient ainsi :

Situation des Banques japonaise en 1905.

DÉSIGNATION	NOMBRE D'ÉTABLISSEM.	CAPITAL SOCIAL		FONDS DE RÉSERVE
		AUTORISÉ	VERSÉ	
		Yens.	Yens.	Yens.
Banque du Japon.	1	30 000 000	30 000 000	18 800 000
Specie Bank. . .	1	24 000 000	18 000 000	11 019 355
Banques :				
ordinaires.. . .	1 713	349 859 400	252 027 131	56 280 556
d'épargne.. . .	475	63 253 600	38 534 417	7 095 929
Agric. et Indust.	46	28 520 000	28 257 405	3 202 430
Hypothécaire. .	1	10 000 000	3 250 000	900 925
de Formose. . .	1	5 000 000	2 500 000	465 000
de Colonisation..	1	3 000 000	3 000 000	146 200
Industrielle. . .	1	10 000 000	5 000 000	294 100
Totaux. .	2 240	523 633 000	380 568 953	98 204 495

En l'espace de treize ans, le nombre des établissements de crédit japonais a donc augmenté de 1 478, et leur capital versé de 296 056 105 yens, soit environ 764 millions de francs.

Mais ce qui a le plus particulièrement progressé pendant ladite période, c'est le mouvement d'affaires des banques japonaises prises dans leur ensemble. En 1893, le mouvement des fonds de toutes ces banques réunies avait à peine atteint 2 601 392 000 yens, tandis qu'en 1904, les 2 240 établissements portés au tableau précédent ont eu, avec un capital versé de 380 568 953 yens, un mouvement général de fonds de 20 370 705 000 yens.

Ajoutons, qu'à la fin du premier semestre 1905, les 2 240 banques japonaises avaient 1 121 911 550 yens de dépôts et que leur portefeuille d'avances et d'escompte s'élevait à 1 163 877 644 yens, dont 663 458 476 pour les avances et 500 419 168 pour l'escompte.

A la fin de 1896, le montant total des dépôts des 1 277 banques existant alors au Japon ne dépassait pas 429 740 190 yens et l'ensemble de leur portefeuille d'avances et d'escompte atteignait à peine 600 millions de yens.

X

Le développement des Sociétés et des affaires japonaises.

Régime des Sociétés par actions. — Conséquences favorables de la guerre contre la Chine. — Excès de la spéculation et crise de 1898. — Développement de l'industrie japonaise de 1895 à 1904. — État des Sociétés par actions existant en 1896 et 1904. — Les Compagnies d'assurances au Japon.

Jusqu'en 1892, il n'y eut au Japon aucun régime légal pour la constitution et le fonctionnement des Sociétés par actions ou en nom collectif ; cette absence de toute législation ayant donné lieu à de sérieuses difficultés, le gouvernement rendit applicable, à partir de 1893, le chapitre consacré aux Sociétés par le Code de commerce japonais, qui ne devait entrer lui-même en vigueur qu'au mois de décembre 1896. En exécution de cette nouvelle disposition, les Sociétés furent désormais dans l'obligation d'obtenir une autorisation gouvernementale pour se créer et commencer leurs opérations. Mais, en 1899, une modification du Code de commerce supprima l'autorisation préalable et les Sociétés purent alors se fonder librement en se conformant aux prescriptions du Code revisé.

L'activité dévorante dans laquelle le Japon s'est jeté au lendemain de sa guerre victorieuse contre la Chine (1894-1895) a provoqué la création de milliers d'entreprises de toute nature dont beaucoup n'avaient que la spéculation pour objectif. A la fin de l'année 1894, le capital nominal de toutes les Sociétés japonaises, fondées depuis 1875, n'atteignait que 245 251 624 yens. Immédiatement après la guerre contre la Chine, et dans le courant de la seule année 1896, il fut créé 1178 Sociétés nouvelles, représentant un capital nominal de 334 421 463 yens.

Mais, comme l'exclusion des actionnaires étrangers desdites Sociétés obligeait leurs fondateurs à s'adresser uniquement aux capitalistes japonais, la plupart des nouvelles entreprises se trouvèrent, par suite de l'insuffisance du numéraire national, dans l'impossibilité de réaliser plus du quart du capital souscrit.

La situation monétaire intérieure ne fut améliorée ni par l'indemnité de guerre payée par la Chine — qui a été d'ailleurs insuffisante pour régler les dépenses d'ordre extérieur que le programme d'expansion de la puissance militaire et navale du Japon, voté par la Diète de 1896, a imposées à ce pays, — ni par la réforme monétaire de 1897, et la crise s'accentua dans le premier trimestre de 1898, provoquant de nombreuses faillites de banques et de Sociétés industrielles en rapport avec elles. C'est sous la pression de ces événements qu'on chercha à réagir contre la loi excluant les étrangers du capital-actions et des conseils d'administration des Sociétés japonaises.

Nos lecteurs savent, en effet, qu'après la mise en vigueur des nouveaux traités de commerce de 1899, comportant l'accès, plus ou moins réel, de tout le Japon au commerce étranger, le gouvernement japonais permit à un certain nombre d'entreprises indigènes le transfert de leurs actions à des capitalistes étrangers, sauf, cependant, aux Compagnies de chemins de fer que l'Etat avait l'intention de racheter. Mais il est juste de reconnaître que la fameuse crise de 1897-1898, de même que la crise plus récente de 1900-1901 provoquée par l'insurrection des Boxers, ont été conjurées, sans secours importants de capitaux étrangers, et les Japonais ont le droit de dire avec orgueil que leur pays a su, en un quart de siècle seulement, et à l'aide de ses propres ressources, créer un organisme commercial, industriel et financier qui peut faire envie aux plus riches nations de l'Europe.

En effet, en 1883, il n'y avait dans tout le Japon — qui produisait alors moins d'un million de tonnes de houille par année — que 24 usines ou fabriques à vapeur, et leur force motrice totale atteignait à peine 1 748 chevaux-vapeur.

Or, voici un tableau qui traduit d'une

manière fidèle le développement industriel du Japon au cours des dix dernières années qui ont suivi la guerre de 1894-1895 :

Développement *de l'industrie japonaise pendant la période décennale 1895-1905 :*

DÉSIGNATION	1895	1905
Usines et ateliers à vapeur. . . .	2 758	4 335
Nombre de machines.	2 031	4 944
Force en chevaux-vapeur.	49 773	198 659
Principales productions :		
Houille. . . . . . . (*tonnes*)	4 810 835	11 593 292
Cuivre. . . . . . . (*kins*)	31 856 887	59 158 327
Soufre. . . . . . . (*kins*)	25 884 250	41 087 568
Fer. . . . . . . (*kwans*)	6 879 303	14 189 913
Pétrole. . . . . . . (*kokus*)	149 497	1 187 136
Compagnies d'électricité. . (*nombre*)	24	77
Long^r des fils transmetteurs. (*ris*)	634	2 944
Maisons éclairées à l'électr. (*nombre*)	20 149	99 017

Et il ne s'agit, dans le tableau ci-dessus, que de l'industrie proprement dite ; mais le même développement s'est produit pour les entreprises commerciales, et les Compagnies de transport terrestres et maritimes : A la fin de 1894, il n'existait au Japon que 2 844 Sociétés ayant un capital nominal de 245 251 624 yens, et 361 de ces sociétés seulement avaient un capital supérieur à 100 000 yens. A la fin de 1896, le nombre total des Sociétés japonaises était brusquement porté à 4 549 avec un capital nominal de 619 223 949 yens, dont 397 564 532 yens versés et le capital de 926 d'entre elles se trouvait supérieur à 100 000 yens.

Le petit tableau ci-après va nous indiquer la nature et l'importance des nouvelles Sociétés constituées entre 1896 et 1904 :

Sociétés japonaises *existant au 31 décembre :*

SOCIÉTÉS	1806		1905	
	NOMBRE	CAPITAUX versés.	NOMBRE	CAPITAUX versés.
		Yens.		Yens.
Agricoles.	117	1 666 160	231	3 368 990
Industrielles. . . .	1 367	89 900 900	2 449	189 414 059
Commerciales.. . .	2 777	192 735 712	5 630	466 404 498
Transports.. . . .	334	113 216 760	696	313 649 008
Totaux. . . .	4 595	397 519 532	9 006	975 836 555

Sur les 9 006 Sociétés japonaises existant à la fin de 1905 : 4 216, représentant un capital versé de 858 457 043 yens, étaient des Sociétés anonymes par actions ; 3 515, ayant un capital versé de 57 006 029 yens, des Sociétés en commandite ; et 1 275, disposant d'un capital versé de 60 millions 373 483 yens, des Sociétés en nom collectif.

Pour montrer à quel point les producteurs et commerçants japonais savent utiliser la puissance de l'association, il nous suffira de dire que la moyenne du capital versé par Société est de 450 645 yens pour les Sociétés de transport terrestres et maritimes (chemins de fer, tramways et Compagnies de navigation) ; de 82 842 yens pour les Sociétés commerciales, comprenant les banques, les maisons de commerce, etc. ; de

77 343 yens pour les Sociétés industrielles et de 14 584 yens seulement pour les Sociétés agricoles.

*
* *

Un autre exemple peut nous montrer l'extraordinaire facilité qu'ont les Japonais de s'assimiler les pratiques les plus compliquées de la civilisation moderne. Avant 1881, il n'y avait pas au Japon une seule Compagnie d'assurances constituée à la manière européenne. Une première tentative d'assurance maritime, faite en 1881 avec une toute petite Société au capital de un million de yens seulement, ne donna d'abord que de médiocres résultats, parce qu'aucune loi ne régissait cette sorte d'entreprise au Japon; mais la publication du nouveau Code de commerce japonais fixa définitivement la législation sur la matière et le petit tableau suivant va nous montrer les progrès réalisés au Japon, à douze années d'intervalle, par les Compagnies d'assurances indigènes sur la vie et contre l'incendie [1] :

---

1. Indépendamment des 34 Compagnies d'assurances sur la vie et de 19 Compagnies d'assurances contre l'incendie il existait au Japon, à la fin de 1905, 3 Sociétés d'assurances maritimes ayant encaissé 39 927 507 yens de primes sur 11 760 assurés. A la fin de la même année 3 Compagnies d'assurances contre l'incendie avaient une branche d'assurances sur les transports mais sans grande importance.

**Situation des Compagnies japonaises d'assurances
en 1893 et 1904.**

COMPAGNIES D'ASSURANCES	1893	1905
Vie.		
Nombre de Sociétés.	4	34
Capital social. . . . . . . (yens).	800 000	8 505 000
Réserves. . . . . —	1 458 002	25 445 743
Nombre de polices.	70 218	767 027
Capitaux assurés. . . . . (yens).	23 043 650	234 732 391
Incendie.		
Nombre de sociétés.	3	19
Capital social. . . . . . (yens).	2 500 000	23 800 000
Réserves. . . . . —	27 753	2 899 715
Nombre de polices.	19 653	554 349
Capitaux assurés. . . . . (yens).	21 501 663	831 117 614

C'est peu, assurément, si l'on compare la situation des Compagnies japonaises actuelles à la situation des Sociétés similaires des grands pays de l'Europe, mais c'est énorme si l'on tient compte de la rapidité avec laquelle ces résultats ont été obtenus.

*
* *

Un dernier fait : en 1896, deux clearing-houses, organisés d'après le système des clearing-houses fonctionnant en Europe et aux Etats-Unis — sauf quelques modifications de détail — existaient, l'un à Tokio et l'autre à Osaka. Pendant cette année, les deux établissements liquidèrent 674 239 effets représentant une valeur de

555 834 840 yens, soit une moyenne de 824 yens par effet.

En 1906, quatre nouveaux clearing-houses fonctionnaient à Kyoto, Yokohama, Kobé et Nagoya, et, pendant cette année, les opérations de liquidation de ces six établissements ont porté sur 6 942 485 effets représentant une valeur de 7 124 059 761 yens, soit une moyenne de 1 026 yens par effet.

XI

Les finances publiques et la dette du Japon.

*Les finances japonaises avant et après la Révolution de 1868. —
La période 1875-1895. — Guerre contre la Chine et programme
de la revanche de Simonosaki. — La période de 1896-1904. —
Les dépenses d'ordre militaire. — Emploi de l'indemnité de
guerre chinoise. — Histoire de la Dette japonaise de la Révolution à la fin de la guerre contre la Russie. — Les frais de la
dernière guerre. — Réorganisation des finances et établissement
du nouveau budget.*

L'histoire financière du Japon moderne peut
se diviser en trois périodes : 1° La période d'organisation, allant de 1869 à l'exercice 1894-95
qui précéda la guerre contre la Chine ; 2° La
préparation de la revanche de Simonosaki, com-
mençant à l'exercice 1897-98 et se terminant avec
l'exercice 1903-04 ; 3° Enfin la grande guerre
contre la Russie et sa liquidation, c'est-à-dire
les trois derniers exercices connus.

Après la Révolution, le gouvernement mikadonal opéra la liquidation financière de l'ancien
régime féodal : 1° En prenant en charge les dettes contractées par les Daïmios, qui gouvernaient
et administraient leurs fiefs d'une manière à peu
près indépendante ; 2° En rachetant les droits
héréditaires de la féodalité (Daïmios et Hattama-

tes) et de la caste militaire des Samouraïs. Par contre, il organisa et centralisa toutes les administrations de l'Etat : finances, armée, marine, justice, travaux publics, etc., etc., et supprima, dès l'année 1873, l'ancien système des redevances en nature qu'il remplaça par un impôt foncier de 3 pour 100 sur la valeur des biens fonds imposables.

Avant la Révolution le budget du Mikado ne disposait que de ressources très restreintes ; l'exercice 1867-68, allant du 1ᵉʳ décembre 1867 au 31 décembre 1868, ne réalisa que 3 664 780 yens de recettes ordinaires, dont 2 009 014 yens d'impôt foncier en nature ; 720 867 yens de droits de douanes ; 535 602 yens d'autres taxes et 399 297 yens d'exploitation des biens de l'Etat et de recettes diverses. Il est vrai que les dépenses ordinaires ne furent que de 5 506 253 yens, sur lesquels la Guerre et la Marine absorbèrent seulement 1 059 798 yens. Mais les événements qui aboutirent à la Révolution du 6 décembre 1868 nécessitèrent 24 998 833 yens de dépenses extraordinaires qu'on dut couvrir par une émission de papier-monnaie et par des emprunts temporaires.

Le budget 1869-70 peut être considéré comme le dernier budget de l'ancien régime ; le budget 1875-76 fut le premier budget normal du nouveau Japon et, à ce titre, il est intéressant de le comparer au budget de l'exercice 1894-95 qui termine la période :

Recettes budgétaires japonaises.

(En milliers de yens.)

	1869-70	1875-76	1894-95
Recettes ordinaires :			
Impôt foncier	8 219	50 345	39 291
— sur le revenu. . . .	»	»	1 354
— sur les patentes. . .	»	»	»
— sur les boissons. . .	»	2 556	16 156
— sur le shôyu	»	»	1 383
— sur le sucre.. . . .	»	»	»
— sur les mines. . . .	»	7	241
— sur les Bourses.. . .	»	»	588
Droits de Douanes.	648	1 719	5 755
— du Timbre.	»	701	793
Administrations de l'État. .	194	5 476	13 957
Recettes diverses.	982	3 283	10 230
TOTAL des *Recettes ordinaires*.	10 043	63 787	89 748
Recettes extraordinaires :			
Émission papier-monnaie. . .	5 355	»	»
Emprunts.	4 782	»	»
Autres recettes.	779	5 696	8 422
TOTAL des *Recettes extraor-dinaires.. . . . .*	10 916	5 696	8 422
TOTAL GÉNÉRAL des recettes. .	20 959	69 483	98 170

Dans le budget de 1869-1870, l'impôt foncier, qui représentait plus des huit dixièmes des recettes ordinaires du nouveau gouvernement, était encore payé en nature. En 1871, on créa un premier impôt indirect, l'impôt sur le *saké,* boisson obtenue par fermentation du riz et non distillée. Cet impôt, perçu à l'origine comme simple droit de permis sur les brasseries, fut augmenté en 1875 et appliqué aux débitants. Dans le budget de 1875-1876 il donna 2 555 595 yens de recettes, mais il devint rapidement une des principales ressources du budget impérial, et après avoir été très souvent remanié et augmenté, nous le voyons figurer pour 16 155 657 yens dans le budget de 1894-1895.

En 1871, le nouveau gouvernement procéda à l'établissement du cadastre et en 1873 il remplaça l'ancienne dîme prélevée en nature sur le produit des terres arables, rizières et terres sèches, par un impôt foncier sur la base de 3 pour 100 de la valeur des biens fonds imposables. Cet impôt, abaissé à 2,50 pour 100 en 1877, a été porté pendant la période 1897-1903, à 3,30 pour 100 pour les rizières, terres labourées et terrains d'habitation rurale et à 5 pour 100 pour les terrains d'habitation urbaine.

En 1873, on créa aussi un droit de timbre pour frais d'enregistrement qui produisit seulement 700 751 yens dans le budget de 1875-1876 et 793 437 yens dans celui de 1894-1895 ; mais ce droit, ayant été appliqué à un plus grand nombre d'articles, et fortement relevé après la guerre contre la Chine, donne aujourd'hui près de 30 millions de yens.

En 1875-1876 l'impôt sur les mines, récemment créé, ne produisit que 7 431 yens ; supprimé en 1890, puis rétabli sur de nouvelles bases en 1892, cet impôt n'a jamais donné que des résultats médiocres.

Pour continuer la liste des impôts établis au Japon depuis 1875-1876, citons l'impôt sur les médicaments livrés au commerce (1877), l'impôt sur le *shôyu* (1885), liquide culinaire préparé avec du sel marin et des substances végétales et connu sous le nom de sauce japonaise ; l'impôt sur les bourses commerciales et financières (1886); l'impôt sur le revenu (1887) ; les droits de sortie sur les boissons alcooliques (1889) ; l'impôt sur l'émission des billets de banque, etc.

Les droits de douanes ont naturellement suivi, le développement du commerce extérieur japonais et leur produit a régulièrement augmenté d'année en année ; quant aux recettes provenant des administrations et des ventes de biens de l'Etat, le petit tableau suivant indique les progrès considérables réalisés entre 1875-1876 et 1894-1895 :

Recettes annuelles des administrations des ventes de biens de l'État japonais.

(Milliers de yens.)

NATURE DES RECETTES	1875-76	1883-84	1894-95
Postes et télégraphes..	749	2 347	8 381
Forêts..	»	311	844
Vente de biens..	1 268	177	656
Profit du monopole tabacs..	»	»	»
Produit des chemins de fer.	642	934	3 177
Produits divers..	2 517	567	3 543
Totaux..	5 176	4 336	16 601

L'impôt sur le revenu, qui figurait déjà dans le budget de 1894-1895 pour une recette de

1 353 518 yens, fut créé en 1887, mais son assiette a été remaniée en 1899.

Entre 1887 et 1899, les revenus imposables, divisés en cinq catégories, payaient les taxes suivantes :

```
                                                    0/0
1. De     300   à   1 000 yens.. . . . . . . .   1
2. De   1 001   à  10 000   —  .. . . . . . .   1 50
3. De  10 001   à  20 000   —  .. . . . . . .   2
4. De  20 001   à  30 000   —  .. . . . . . .   2 50
5. Au-dessus de 30 000      —  .. . . . . . .   1 50
```

Les revenus au-dessous de 300 yens étaient exempts de l'impôt, de même que les Sociétés commerciales et industrielles.

La loi de 1899 a maintenu l'exemption en faveur des revenus inférieurs à 300 yens, mais elle a appliqué l'impôt aux Sociétés commerciales et industrielles avec certaines réserves.

Quant à la masse des contribuables, elle a été divisée en douze catégories, avec une taxe progressive ainsi graduée :

```
                                                      0/0
 1. De     300   à      500 yens.. . . . . . . .   1
 2. De     501   à    1 000   —  .. . . . . . .    1 2
 3. De   1 001   à    2 000   —  .. . . . . . .    1 5
 4. De   2 001   à    3 000   —  .. . . . . . .    1 7
 5. De   3 001   à    5 000   —  .. . . . . . .    2
 6. De   5 001   à   10 000   —  .. . . . . . .    2 5
 7. De  10 001   à   15 000   —  .. . . . . . .    3
 8. De  15 001   à   20 000   —  .. . . . . . .    3 5
 9. De  20 001   à   30 000   —  .. . . . . . .    4
10. De  30 001   à   50 000   —  .. . . . . . .    4 5
11. De  50 001   à  100 000   —  .. . . . . . .    5
12. Au-dessus de 100 000      —  .. . . . . . .    5 5
```

Depuis la revision des traités de commerce,

la taxe est imposée à tous les étrangers domiciliés au Japon depuis au moins un an, et aux revenus des étrangers qui, n'ayant pas leur domicile dans l'empire, y ont cependant des biens ou une exploitation quelconque.

L'impôt sur les opérations de bourse, créé en 1885, ne visait que les ventes à terme sur le riz, sur les rentes de l'État et sur les valeurs mobilières ; le riz et les rentes payaient une taxe de 0,03 pour 100 sur le montant des transactions et les autres valeurs 0,06 pour 100. A partir de 1893, la taxe s'est appliquée à toutes les transactions sur marchandises, actions et obligations de Sociétés, sur la base de 0,06 pour 100 du montant des opérations, et sur les opérations en rentes d'État et obligations provinciales dont le taux de perception est resté de 0,03 pour 100 du montant des transactions.

Cet impôt, malgré sa quotité élevée, rend très peu parce que la plus grande partie des opérations financières et commerciales s'effectuent en dehors des Bourses, qui sont généralement des Sociétés par actions à responsabilité limitée.

Telles sont les ressources que le gouvernement mikadonal avait pu obtenir du pays un quart de siècle après la Révolution.

Entre 1875-1876 et 1894-1895, les recettes ordinaires du budget avaient progressé de 25 961 000 yens et, parallèlement à cette progression, le commerce extérieur japonais était de 48 586 738 yens en 1875 à 230 728 042 yens en

1894 ; le nombre des kilomètres de chemins de fer mis en exploitation par l'Etat et les Compagnies privées, de 61 kilomètres à 3 410 kilomètres, et l'ensemble de la population japonaise de 34 à 42 millions d'habitants.

Pendant cette période, l'administration s'était organisée à l'européenne et le tableau suivant nous montrera les crédits dont chaque département ministériel disposait au moment de la déclaration de guerre à la Chine :

Dépenses budgétaires japonaises.

(En milliers de yens.)

NATURE DES DÉPENSES		1869-70	1875-76	1894-95
Liste civile.		554	933	3 000
Affaires étrang.	*ordinaires..*	47	645	719
	extraord.	»	»	312
Intérieur.	*ordinaires..*	6	11 345	7 494
	extraord.	»	233	2 427
Finances.	*ordinaires..*	7 475	24 852	25 463
	extraord.	9 754	12 357	4 748
Guerre..	*ordinaires..*			7 828
	extraord.	2 104	9 786	2 581
Marine..	*ordinaires..*			4 574
	extraord.			5 680
Justice..	*ordinaires..*	45	1 111	3 388
	extraord.	»	»	51
Instruct. Publ.	*ordinaires..*	124	1 744	923
	extraord.	»	»	125
Agriculture et com-	*ordinaires..*	»	»	862
merce.	*extraord.*	»	»	334
Communicat..	*ordinaires..*	»	6 197	6 171
	extraord.	»	»	1 449
Total des dépenses.	*ordinaires..*	10 354	56 613	60 421
	extraord.	9 754	12 590	17 707
TOTAL GÉNÉRAL.		20 108	69 203	78 128

Comme nous l'avons déjà dit, les Japonais —

gouvernés par les anciens clans féodaux devenus la classe dirigeante du nouvel empire — déclarèrent la guerre à la Chine en 1894 avec l'espoir de s'établir définitivement en Corée et d'y devancer les Russes, dont la construction du Transsibérien, commencée le 16 mai 1891, les inquiétait beaucoup. Une fois maîtres de la Corée et de la presqu'île du Leatong, qui commande le golfe du Petchili, ils pouvaient espérer prendre la direction politique de la Chine et l'associer, par des liens d'intérêts communs, aux destinées de l'Empire du Soleil levant.

La guerre, commencée le 1ᵉʳ août 1894, fut officiellement terminée le 17 avril 1895 par le traité de Simonosaki. Pour y faire face le gouvernement japonais émit, au cours des années 1894, 1895 et 1896, trois emprunts de guerre 5 pour 100 qui produisirent un total de 90 millions de yens ou 232 470 000 francs. En outre de ces trois emprunts, le gouvernement en créa un quatrième de 35 millions de yens ou 90 405 000 francs, dont il remit les titres à la *Banque du Japon* en remboursement de ses avances : ce qui porta à 125 millions de yens, ou 322 875 000 francs, la somme totale que le Japon dut emprunter pour couvrir ses dépenses de la guerre contre la Chine.

Mais il ne s'agit là que des ressources extraordinaires fournies par l'emprunt, car les Japonais se préparant à la lutte depuis 1891 avaient inscrit, dans leur budget annuel, des crédits importants pour la Guerre et la Marine uniquement couverts par les recettes ordinaires du Trésor ; et leurs excédents de recettes sur les dépenses, réalisés pendant la période 1891-1894 (plus de 90 millions de yens), leur permirent de commencer les hostilités sans emprunt public.

Au moment de la déclaration de guerre à la Chine, la situation financière du Trésor japonais était donc excellente, de même que la situation économique du pays lui-même. Ce qui le prouve, c'est que le gouvernement mikadonal n'eut pas besoin de faire appel au crédit de l'étranger et que les trois emprunts publics qu'il contracta pour couvrir les dépenses de guerre — emprunts intérieurs 5 pour 100 — furent émis au pair et couverts plus de deux fois et demie par les capitalistes japonais.

*
* *

Avec le traité de Simonosaki commence pour le Japon une nouvelle période financière dont les phases successives sont singulièrement intéressantes. Par ce traité le Japon reçut l'île de Formose, une indemnité de guerre de 200 millions de taëls-kupings, plus de 30 millions de taëls pour la rétrocession de la presqu'île du Leatong que les troupes victorieuses du Mikado occupaient : soit environ 943 millions de francs en ajoutant les intérêts à l'indemnité proprement dite. C'était beaucoup, en tenant compte de la situation précaire dans laquelle se trouvait alors la Chine et des faibles sacrifices que le Japon avait dû subir pour la réduire à merci ; mais ce n'était rien comparativement à ce que les Japonais attendaient de leur victoire.

Nous avons longuement expliqué, dans notre deuxième chapitre, ce que furent les suites du traité de Simonosaki, et sans revenir sur le détail du programme financier voté en 1896 par la Diète impériale[1], il nous suffira de rappeler que les dépenses publiques japonaises, qui n'avaient été que de 78 128 648 yens dans le budget de l'exercice 1894-95, se trouvèrent brusquement portées au chiffre de 223 678 844 yens pour l'exercice 1897-98 et que, sur ce montant, les dépenses ordinaires et extraordinaires de la Guerre et de la Marine figuraient pour 110 542 000 yens, contre seulement 20 662 000 yens dans le budget de 1894-95.

D'ailleurs on comprendra mieux l'importance de l'effort financier que le gouvernement japonais a demandé au pays pour réaliser le programme de la revanche de Simonosaki, en comparant les dépenses budgétaires de l'exercice 1894-95 à celles des exercices suivants :

---

1. Nous verrons plus loin que la Diète impériale vota 33 570 000 yens d'impôts nouveaux en 1896, et 42 020 000 yens d'autres nouveaux impôts pendant sa session de 1899-1900. Soit un total de 75 590 000 yens ou 205 millions de francs.

Dépenses budgétaires japonaises pour la période 1894-95 à 1902-1903.

(En milliers de yens.)

NATURE DES DÉPENSES	1894-95	1897-98	1900-01	1902-03
Liste civile.	3 000	3 000	3 000	3 000
Affaires étrangères :				
— ordinaires.	719	1 146	2 426	2 284
— extraord. .	312	118	310	371
Intérieur. . . ordinaires.	7 494	8 262	10 955	10 778
— extraord. .	2 427	19 556	15 387	18 452
Finances. . . ordinaires.	25 463	39 173	47 297	56 816
— Dette publique.	(19 721)	(29 505)	(34 841)	(42 886)
— extraord. .	4 748	10 225	6 409	39 584
Guerre. . . ordinaires.	7 828	28 746	36 124	39 170
— extraord. .	2 581	31 402	38 714	10 272
Marine. . . ordinaires.	4 574	9 544	16 911	21 063
— extraord. .	5 680	40 851	41 364	15 263
Justice. . . ordinaires.	3 388	3 543	7 803	10 752
— extraord. .	51	215	531	700
Instruction publique :				
— ordinaires.	923	1 986	4 457	4 843
— extraord. .	125	627	1 378	2 253
Agriculture et commerce :				
— ordinaires.	862	1 365	2 210	2 803
— extraord. .	334	1 514	9 373	4 392
Communications :				
— ordinaires.	6 171	10 629	17 952	19 550
— extraord. .	1 449	11 476	30 150	26 879
TOTAL des dépenses :				
— ordinaires.	60 421	107 695	149 134	171 059
— extraord. .	17 707	115 984	143 616	118 167
TOTAL GÉNÉRAL. . . .	78 128	223 679	292 750	289 226

Ainsi, dès l'exercice 1897-98, les dépenses totales du budget japonais furent presque trois fois plus élevées que celles de l'exercice 1894-95, et les dépenses ordinaires et extraordinaires de la Guerre et de la Marine atteignirent 110 542 000 yens, c'est-à-dire un total cinq fois plus élevé que le total de 1894-95.

Cette progression se continua jusqu'à la fin de l'exercice 1902-1903, considéré comme le terme de la période des préparatifs militaires et, à ce titre, le petit tableau suivant mérite l'attention :

Dépenses ordinaires et extraordinaires de la Guerre et de la Marine japonaises en 1894-95 et pendant les sept exercices qui ont suivi le traité de Simonosaki.

(En milliers de yens.)

EXERCICES	GUERRE	MARINE	TOTAL
1894-95.	10 409	10 254	20 663
1896-97.	53 243	20 005	73 248
1897-98.	60 148	50 395	110 543
1898-99.	53 898	58 529	112 427
1899-00.	52 551	61 661	114 212
1900-01.	74 838	58 275	133 113
1901-02.	58 382	43 979	102 361
1902-03.	49 442	36 326	85 768
TOTAL.	402 502	329 170	731 672
Moyenne annuelle. . .	*57 500*	*47 024*	*104 524*

Les chiffres de ce tableau, tirés des budgets officiels japonais, montrent l'effort colossal que le gouvernement mikadonal a imposé au pays pour préparer la revanche de Simonosaki. Les dépenses totales de la Guerre et de la Marine passèrent brusquement de 53 millions de francs à une moyenne annuelle de 270 millions de francs et pour la période septennale 1896-1903 les deux départements absorbèrent 1 890 millions de francs, alors que pour la période septennale précédente 1888-1895 l'ensemble des mêmes dépenses — malgré les préparatifs de guerre contre la Chine — n'avait atteint que 418 millions de francs.

*
* *

Pour faire face à ces nouvelles charges, ainsi qu'aux relèvements de crédits accordés aux autres services publics, le gouvernement mikadonal utilisa à la fois l'indemnité de guerre payée par la Chine, de nouveaux impôts et les emprunts intérieurs et extérieurs que la Diète impériale vota dans ses diverses sessions.

En ce qui concerne spécialement l'indemnité chinoise s'élevant, avons-nous dit, à 230 millions de taëls, le gouvernement japonais finit d'en encaisser le montant en mai 1898. Ce montant, d'après le change fixe, représentait exactement 355 980 364 yens auxquels vinrent s'ajouter 9 millions 548 703 yens, représentant les intérêts donnés par l'emploi du capital disponible jusqu'au 1ᵉʳ janvier 1900, soit au total 365 529 067 yens.

Sur la proposition du gouvernement la Diète décida d'affecter la majeure partie de cette somme au programme d'expansion militaire et navale adopté en 1896 et voici comment le comte Matsukata, alors ministre des Finances, résuma, dans son exposé des motifs du budget de 1900-1901, l'emploi de l'indemnité :

Emploi de l'indemnité chinoise.

	Yens.
Expansion militaire	56 800 234
— maritime	139 259 717
Établissement d'une fonderie	579 762
Dépenses extraordinaires de la guerre de Chine	78 957 165
Service de transport et d'informations	3 214 485
Maison impériale	20 000 000
Fonds de vaisseaux de guerre	30 000 000
— de prévoyance	10 000 000
— d'éducation	10 000 000
Déficit budgétaire de 1898-1899	12 000 000
Solde disponible	4 717 704
Total égal	365 529 067

Indépendamment des ressources fournies par l'indemnité chinoise, le gouvernement mikadonal, en 1896, obtint de la Diète 33 570 000 yens d'impôts nouveaux ; mais cette somme n'étant pas suffisante pour l'exécution du vaste programme que l'opinion publique japonaise avait impérieusement réclamé au lendemain du traité de Simonosaki, la Diète, après les péripéties dont nous avons parlé dans notre deuxième chapitre, finit par accepter en 1899 une forte augmentation de l'impôt foncier, qui ne devait être appliquée que jusqu'à la fin de 1903, et le relèvement d'un certain nombre d'impôts indirects qui donnèrent 42 020 000 yens de recettes ordinaires nouvelles à ajouter aux 33 570 000 yens déjà votés en 1896.

Comme nous l'avons fait pour les dépenses budgétaires, le tableau suivant va nous permettre de suivre les conséquences financières des mesures fiscales acceptées par la Diète :

Recettes budgétaires japonaises pour la période 1894-95 à 1902-03 :

(En milliers de yens.)

	1894-95	1897-98	1900-01	1902-03
Recettes ordinaires.				
Impôt foncier.. . . .	39 291	37 965	46 718	46 505
— sur le Revenu. .	1 354	2 095	6 368	7 461
— — Patentes..	»	4 416	6 052	6 777
— — Boissons..	16 156	31 162	50 450	63 924
— — *Shoyu*.. .	1 383	1 532	3 154	3 555
— — Sucre.. .	»	»	»	4 146
— — Mines.. .	241	421	624	763
— — Bourses. .	588	1 106	1 228	814
Droits de douanes. . .	5 755	8 020	17 010	15 501
— du timbre. . .	793	7 183	12 289	13 848
Administrations de l'É-tat..	13 957	19 492	40 074	49 919
Taxes et Recettes di-verses..	10 230	10 831	8 203	8 027
TOTAL des *Recettes ordinaires*..	89 748	124 223	192 170	221 240
Recettes extraordinaires :				
Indemnité chinoise.. .	»	40 361	31 240	47 169
Emprunts publics. . .	»	36 390	38 140	12 741
— temporaires.	»	»	5 500	2 000
Recettes diverses. . .	8 422	25 416	28 805	14 191
TOTAL des *Recettes extraordinaires*. . . .	8 422	102 167	103 685	76 101
TOTAL GÉNÉRAL des Recettes..	98 170	226 390	295 855	297 341

Ainsi, en 1902-03, *l'impôt foncier* donnait 7 214 000 yens de plus qu'en 1894-95 ; mais en 1899 il avait été relevé de 0,8 pour 100 sur la valeur des terres labourables, des rizières

et des terrains d'habitation rurale, et de 2,50
pour 100 sur les terrains d'habitation urbaine.
L'*impôt sur le revenu* représentait, de son côté,
une majoration de 6 107 000 yens, et l'impôt sur les *patentes*, créé en 1896, four-
nissait 6 777 000 yens de ressources nouvelles.
Mais la plus forte augmentation appartenait à
l'*impôt sur les boissons* : soit 47 768 000 yens ;
puis venaient par ordre d'importance les
produits des *administrations et biens de l'État* :
35 962 000 yens — sur lesquels le *monopole du
tabac*, créé en 1896, représentait 12 368 000 yens,
et l'augmentation des recettes des *postes et télégraphes* et des *Chemins de fer de l'État* : 16 463 000
et 6 008 000 yens — les droits du *timbre* et les
droits de douanes avec une plus-value respective
de 13 055 000 et 9 746 000 yens, etc.

Bref, à huit années d'intervalle, les recettes
ordinaires du budget japonais se relevèrent de
131 492 000 yens ou 146 pour 100 ; mais cette
augmentation considérable, ajoutée à l'indemnité chinoise, ne fut pas suffisante pour
couvrir toutes les nouvelles dépenses occasionnées par la réalisation du programme de l'extension militaire et navale et par l'exécution des
nouveaux travaux publics car, entre le 31 mars
1895 et le 31 mars 1903, la dette publique
japonaise passa de 295 807 000 à 552 181 000
yens : soit une différence de 256 374 000 yens,
dont 158 744 000 yens d'emprunts intérieurs et
97 630 000 yens d'emprunts étrangers.

Nous arrivons ainsi à la guerre contre la Russie, mais avant d'aborder l'étude des finances japonaises, depuis le commencement des hostilités jusqu'à l'élaboration du budget en cours (1906-1907), il est nécessaire de rappeler les origines de la dette publique du Japon et de ses développements successifs.

*
* *

Au lendemain de la Révolutions de 1868, le gouvernement du Mikado se trouva dans une situation financière des plus graves ! Sous le régime shogunal, tel que Yéyas l'avait institué en 1603, le Japon avait joui d'une longue période de paix, mais aucun des grands travaux publics, qui attestent encore aujourd'hui la puissance des anciennes civilisations égyptienne, grecque, romaine et même chinoise, ne vint améliorer la situation économique du pays.

Or, nous avons expliqué, dans notre premier chapitre, quelle était l'organisation sociale de l'ancien Japon féodal. Le Mikado et ses grands vassaux vivaient du produit des impôts prélevés, d'une manière plus ou moins arbitraire, sur les paysans et les commerçants. En renversant le shogunat et en reprenant le pouvoir effectif, le Mikado supprima les pouvoirs fiscaux des Daïmios et de leurs feudataires et centralisa l'administration directe de tout le territoire de l'Empire. Les paysans devinrent légalement propriétaires des terres dont ils n'avaient eu jusqu'alors que l'usufruit, et la dîme en nature, qu'ils payaient jadis à leurs seigneurs, fut transformée en un impôt foncier d'État sur les bases que nous avons indiquées dans un chapitre précédent.

Le nouveau gouvernement procéda à la liquidation financière de l'ancien régime en rachetant d'abord les droits héréditaires de la caste militaire qui, ne devant plus recevoir aucun subside des Daïmios, serait devenue un danger pour la tranquillité publique. Un premier emprunt de 11 720 000 yens (représentant alors un peu plus de 60 millions de francs), contracté à Londres en 1873, au taux de 7 pour 100, fut consacré à cette opération. Les membres de cette caste reçurent une indemnité en numéraire et restèrent libres d'adopter telle carrière qu'il leur conviendrait de choisir.

Un autre emprunt de 4 880 000 yens avait déjà été réalisé à Londres, en 1870, pour la construction du chemin de fer de Yokohama à Yédo, devenue la nouvelle capitale de l'Empire sous le nom de Tokio.

Après le rachat des droits héréditaires de la caste militaire, il fallut liquider les dettes particulières des 227 domaines seigneuriaux dont le nouveau gouvernement reprenait l'administration directe. Toutes les dettes antérieures à l'année 1843 furent déclarées non recevables ; les dettes contractées de 1844 à 1867 inclusivement, et formant un total de 10 972 725 yens, devinrent l'*ancienne dette* sans intérêt que le gouvernement s'engagea à rembourser par annuité pendant une période de 50 années. Mais les 12 422 825 yens de dettes contractées par les Daïmios, pendant la période de transition de 1868 à 1872, furent convertis en titres de la *nouvelle dette* de l'Etat, rapportant 4 pour 100 d'intérêt à leurs ayants droit et amortissables en 25 années. Ces titres sont complètement remboursés depuis 1896.

Deux autres petits emprunts, aujourd'hui amortis, furent encore émis pour capitaliser un certain nombre de pensions dues aux anciens fonctionnaires civils des Daïmios et aux prêtres shintoïstes qui perdirent leurs traitements avec la révolution.

Mais la partie la plus lourde de la liquidation de l'ancien régime, et qui pèse encore sur les budgets japonais, c'est celle concernant le rachat des droits féodaux héréditaires des Daïmios eux-mêmes, de leurs vassaux feudataires, et des pensions créées en récompense de services rendus au nouveau gouvernement.

Ce rachat s'effectua en 1878-1879, après la fameuse insurrection de Satsuma dans le Sud-Ouest (1877), et le montant nominal de ces titres, qui portent dans la dette publique japonaise le nom de *Kinroku-Kôsaï-Shôsho,* atteignit 173 221 895 yens, divisés en quatre catégories rapportant un intérêt différent, mais susceptibles de conversion après un délai déterminé. En voici le tableau :

Rentes émises pour le rachat des droits féodaux et pensions héréditaires.

	CAPITAL	REVENUS
	(En Yens.)	
Rentes 10 0/0..	8 805 860	880 586
— 7 0/0..	108 091 910	7 566 714
— 6 0/0..	24 995 995	1 499 760
— 5 0/0..	31 328 130	1 566 406
Totaux.	173 221 895	11 513 466

Grâce à cette opération, les anciens Daïmios et seigneurs feudataires, et les pensionnés du nouveau régime, touchèrent 5, 6, 7 ou 8 années de leurs anciens revenus, et furent libres d'en réaliser le capital en vendant leurs titres sur le marché public : C'est à ce parti que la grande majorité s'arrêta, et l'on sait que la presque totalité des rentes émises en 1879, pour la liquidation définitive de l'ancien régime, devint la propriété des castes sociales (marchands, artisans, paysans, etc...) qui, avant la Révolution de 1868, n'avaient ni le pouvoir de possession, ni le droit de porter des armes ou des vêtements de luxe.

Quant au gouvernement, l'opération lui donnait à la fois la faculté d'amortir le capital émis et d'en réduire les charges par des conversions successives : il n'y a point manqué et la série 10 pour 100 disparaissait du tableau de la dette publique en 1886 ; la série 7 pour 100 en 1891 et la série 6 pour 100 en 1894.

En résumé, l'ensemble des emprunts contractés par le gouvernement mikadonal pour la liquidation complète du régime féodal s'est élevé à la somme de 225 910 350 yens, représentant alors environ 1 166 millions de francs. Tous ces emprunts étaient amortis au 31 mars 1906, sauf 3 511 272 yens de l'ancienne dette publique sans intérêt et 16 631 640 yens de l'emprunt 5 pour 100 *Kinroku-Kôsaï-Shôsho* ; mais une décision gouvernementale ayant décidé que ce solde serait lui-même remboursé le 23 avril 1906, cet emprunt ne figure plus aujourd'hui dans le tableau de la dette publique japonaise.

En même temps que les autres titres du *Kinroku-Kosaï-Shôsho* devenaient du 5 pour 100 intérieur amortissable, le gouvernement mikadonal convertissait en même type les emprunts 6 pour 100 émis pour le retrait du papier-monnaie entre 1872 et 1892, et l'emprunt 6 pour 100 pour le chemin de fer du Nakasèndo, émis en 1885 (15 millions de yens) et sur lequel 12 925 700 yens restaient à amortir en 1892.

En 1877, pour faire face aux dépenses nécessitées par l'insurrection du Sud-Ouest, le gouvernement avait contracté, par l'intermédiaire d'une des Banques nationales existant alors au Japon, un emprunt de 15 millions de yens au taux de 7,5 pour 100 amortissable en 20 années : La dernière annuité de cet emprunt a été payée en 1897.

En 1879, après le rachat des droits féodaux

héréditaires des Daïmios, le montant total de
la dette publique japonaise s'élevait à 250 026 000
yens ; en 1895, au moment de la guerre contre
la Chine elle atteignait 295 807 000 yens et voici
ce qu'elle est devenue entre 1895 et 1903, à la
veille de la guerre contre la Russie :

Situation de la Dette publique japonaise au 31 mars
des années 1895, 1898, 1901 et 1903.

(En milliers de yens.)

NATURE DES EMPRUNTS	1895	1898	1901	1903
Emprunts intérieurs.	261 697	399 246	388 834	432 551
— étrangers.	2 110	»	97 630	97 630
Prêts temporaires.	32 000	22 000	22 000	22 000
Total *de la Dette.*	295 807	421 246	508 464	552 181

Entre le 31 mars 1895 et le 31 mars 1903, le
gouvernement mikadonal a emprunté une somme
totale de 340 193 000 yens et amorti ou remboursé 83 819 000 yens d'anciennes dettes : soit,
entre les deux dates, une augmentation nette de
256 374 000 yens provenant d'abord des emprunts
émis à l'occasion de la guerre contre la Chine
(125 millions de yens), puis des emprunts intérieurs et extérieurs destinés à développer le
réseau des Chemins de fer de l'État, à exécuter
les travaux publics décidés après la guerre sur
le territoire de l'Empire et dans l'île de Formose et, enfin, à réaliser le programme de l'expansion militaire et navale dont nous avons
parlé d'autre part.

La guerre russo-japonaise éclata le 7 février

1904 : au 31 mars suivant, date de la clôture de l'exercice 1903-1904, la dette publique japonaise était de 561 570 000 yens, c'est-à-dire supérieure de 9 389 000 yens au chiffre de l'année précédente : mais elle s'élevait à 991 288 000 yens au 31 mars 1905 pour atteindre brusquement 1 872 381 000 yens au 31 mars 1906.

De sorte, qu'à deux ans d'intervalle, la dette publique japonaise, en conséquence de la guerre contre la Russie, s'est effectivement augmentée de 1 310 811 000 yens ou 3 382 millions de francs. Or, cette somme est loin de représenter ce que la guerre de 1904-1905 a réellement coûté au Japon, car au produit des emprunts publics intérieurs et extérieurs, des émissions d'obligations du Trésor et des prêts temporaires, il faut ajouter les sommes que les taxes de guerre, votées par la Diète impériale dès l'ouverture des hostilités, et les réserves spéciales constituées en vue de ladite guerre ont mises à la disposition du gouvernement mikadonal.

De même à la clôture de l'exercice 1905-1906, il restait encore d'importantes dépenses à liquider qui n'ont été réglées que postérieurement au 31 mars 1906 et ce ne sera pas encore dans l'exposé des motifs du budget de 1907-1908 que nous trouverons les comptes définitifs de la dernière guerre.

En attendant, voici comment l'*Annuaire Financier Japonais* de 1906 dressait le bilan provisoire des dépenses extraordinaires connexes avec la guerre :

	(En yens.)
Dépenses autorisées par décret impérial à la fin de 1903.	156 220 000
Budget de 1904.	420 000 000
— de 1905.	780 000 000
— de 1906.	529 950 000
Dépenses supplémentaires..	96 020 000
TOTAL *des dépenses extraordinaires*..	1 982 190 000

Pour faire face à ces énormes dépenses extraordinaire (environ 5 120 millions de francs) le Trésor s'est procuré les recettes suivantes :

	(En yens.)
Produit des taxes de guerre..	212 873 000
Emprunts publics, obligations, prêts..	1 555 670 000
Virement du Compte spécial.	67 000 000
Contributions volontaires et recettes diverses.	2 000 000
Produits de la vente d'objets divers.	16 500 000
Reliquat de recettes..	128 140 000
Total égal des dépenses.	1 982 190 000

Dans le tableau ci-dessus, le montant des emprunts publics, obligations du Trésor et prêts temporaires, résultant de la guerre, est porté pour 1 555 670 000 yens; mais, d'après les évaluations du ministre des Finances, il paraît certain que ce montant dépassera 1 750 millions de yens (4 515 millions de francs) quand toutes les opérations de liquidation auront été effectuées : c'est à peu près le triple de la dette publique japonaise au 31 mars 1903 et le rapport ministériel, reconnaissant loyalement que cette nouvelle dette constitue une charge sans précédent pour la nation, ajoute :

« Par conséquent, il est nécessaire de se préoccuper de la question de la consolidation et du remboursement de ces énormes emprunts et il importe, pour bien affermir la base de nos finances, de déterminer d'avance, et d'une manière précise, notre politique financière. En effet, l'administration de ces emprunts intéresse profondément non seulement notre vie économique, mais aussi d'autres marchés que le nôtre, attendu que le plus grand nombre a été souscrit à l'étranger. »

« Bien que le conflit russo-japonais soit aujourd'hui terminé, il reste encore de grandes dépenses à faire comme conséquence de la guerre, notamment celles qu'exige le rapatriement des troupes japonaises de Mandchourie.

« En ce qui concerne celles qui sont affectées à la réfection des armes et des bâtiments de guerre, elles ont été imputées au budget général, tandis que les dépenses pour rapatriement des troupes et pour récompenses accordées en raison de services méritoires, font l'objet d'un budget supplémentaire aux dépenses de la guerre qui doit atteindre le chiffre d'environ 510 millions de yens (1 317 330 000 francs)[1]. »

Nous allons voir quelles sont les mesures que le gouvernement mikadonal a prises pour assurer un amortissement rapide des emprunts contractés à l'occasion de la guerre et qui se trouvent compris dans le tableau ci-dessous :

---

[1]. Rapport du ministre des Finances pour le projet de budget de 1906-1907.

Situation de la Dette publique japonaise au 31 mars 1903, 1906 et 1907.

(En milliers de yens.)

NATURE DES EMPRUNTS	1903	1906	1907
1º *Emprunts intérieurs.*			
Ancien emprunt sans intérêt.. . .	4 169	3 511	3 291
Rentes pour rachats Droits féodaux : 5 0/0.	19 630	16 631	»
Emprunt de la Marine : 5 0/0. . .	8 297	8 297	8 297
— Consolidé : 5 0/0.. . . .	167 128	167 128	167 128
— Chemins de fer : 5 0/0. .	37 248	39 298	39 298
— Travaux publics : 5 0/0. .	60 134	66 166	66 166
— Ch. f. Hokkaïdo : 5 0/0. .	3 592	3 592	3 592
— de la guerre 1895 : 5 0/0..	116 581	115 641	115 641
— de Formose : 5 0/0. . . .	5 434	34 121	34 185
Obligat. Trésor : 5 0 0.	»	273 334	273 334
— — : 6 0/0.	»	139 738	»
— Monop. Tabac : 5 0/0. . .	»	12 307	12 310
Emprunt suppl. pensions : 5 0 0. .	»	202	282
Emp. pour dépense extraordinaire de Guerre.	»	»	310 394
TOTAL des emprunts intérieurs..	432 550	879 970	1 033 923
2º *Emprunts extérieurs :*			
Emprunt des Chem. de fer : 4 0/0. .	17 577	17 577	17 577
— Trav. publics : 4 0 0. . .	78 052	78 052	78 052
— Ch. f. Hokkaïdo : 4 0/0. .	2 000	2 000	2 000
— Livres sterling : 6 0 0. . .	»	214 786	214 786
— — : 4 1/2 0/0.	»	585 780	585 780
— — : 4 0/0.. .	»	72 214	244 075
TOTAL des emprunts extérieurs.	97 630	970 410	1 142 271
3º *Emp. Rachat papier monnaie.*	22 000	22 000	22 000
Emp. Consolid. dette Comp. ch. de fer.	»	»	19 529
TOTAL GÉNÉRAL de la Dette... .	552 180	1 872 381	2 217 272

Il est probable que lorsque toutes les dépenses extraordinaires connexes avec la guerre auront été soldées, la dette publique japonaise s'élèvera au montant total de 2 500 millions de yens, soit environ 6 450 millions de francs ; c'est évidemment un très gros chiffre pour un pays qui n'avait, en 1903, qu'une dette totale de 552 180 811 yens, représentant dans le budget ordinaire de 1903-04 une dépense de 36 484 520 yens pour intérêts et amortissement ; mais en étudiant le programme financier que le gouvernement mikadonal a fait adopter à la Diète dans sa session de 1906 (22ᵉ session), on est moins effrayé des conséquences éventuelles de cette effroyable surcharge, car on sent, chez les classes dirigeantes japonaises, la volonté absolue de régulariser la situation financière anormale que la dernière guerre a créée au pays.

*
* *

Nous avons vu que l'ensemble des recettes ordinaires ont fourni 224 181 000 yens au budget 1903-04. Pour faire face aux dépenses extraordinaires de la guerre, la Diète vota à deux reprises, en 1904 et en 1905, l'augmentation de presque tous les impôts existants et la création de ressources nouvelles, parmi lesquelles nous citerons une taxe sur les étoffes tissées, sur le pétrole (supprimée après la guerre), sur les voyageurs en chemins de fer, sur les chèques sur les successions, etc...

Il avait été d'abord décidé que toutes ces augmentations et créations d'impôts — désignées sous le nom de *taxes spéciales extraordinaires de guerre* — cesseraient d'être en vigueur le dernier jour de l'année qui suivrait la paix et, grâce à elles, les recettes ordinaires, malgré la guerre, s'élevèrent à 299 142 000 yens en 1904-05 et à 371 067 000 yens en 1905-06.

Le Japon n'ayant pu obtenir aucune indemnité de guerre de la Russie, c'est à l'aide des seules ressources du pays qu'il fallut procéder : 1° à la liquidation des dépenses extraordinaires engagées depuis l'ouverture des hostilités ; 2° à la reprise des dépenses urgentes de travaux publics et de chemins de fer suspendues pendant la guerre ; 3° à la réfection du matériel de l'armée de terre et de la marine détruit ou détérioré pendant la campagne ; 4° et aux nouvelles charges que la situation prépondérante du Japon en Corée et en Mandchourie allait désormais imposer au budget métropolitain.

Comme première mesure, la Diète impériale, dans sa session de 1906, décida de maintenir toutes les *taxes spéciales extraordinaires* (sauf celle du pétrole) qui auraient dû disparaître avec la guerre. Grâce à cette énergique décision, les recettes ordinaires ont pu être comprises, dans le budget de 1906-1907, pour 392 532 000 yens, contre 224 181 000 en 1903-1904, et cette augmentation de 168 361 000 yens, ou 75 pour 100, des recettes ordinaires du pays à trois années d'intervalle — malgré une guerre sanglante ayant duré plus de la moitié de la période — est certainement l'un des faits, car elle s'est facilement réalisée, qui militent le plus en faveur de l'avenir économique et financier du Japon.

Voici le détail des recettes prévues pour l'exercice 1906-1907, comparées aux recettes des exercices 1903-1904 et 1893-1894 :

Recettes budgétaires japonaises pour les exercices 1893-1894, 1903-1904 et 1906-1907.

(En milliers de yens.)

	1893-1894	1903-1904	1906-1907
Recettes ordinaires :			
Impôt foncier.	38 809	46 873	85 632
— sur le Revenu..	1 239	8 247	21 837
— sur les Patentes.	»	7 049	19 371
— sur les Boissons.	16 655	53 128	59 171
— sur le *Shôyu.*	1 333	3 545	5 319
— sur le Sucre.	»	6 943	16 756
— sur les Mines.	179	802	1 443
— sur les Bourses.	351	812	1 235
Droits de Douane.	5 125	17 378	31 787
— du Timbre.	762	14 169	27 409
Administrations de l'État.	11 603	55 702	104 700
Recettes diverses.	9 827	9 533	17 872
Totaux.	85 883	224 181	392 532
Recettes extraordinaires :			
Emprunts.	»	6 587	79 843
Indemnité chinoise.	»	5 890	2 048
Recettes diverses.	27 886	23 563	20 282
Totaux.	27 886	36 040	102 173
Total général des Recettes	113 769	260 221	494 705

Parmi les recettes ordinaires nouvelles de l'exercice 1906-1907, groupées sous la rubrique *Recettes diverses,* figurent la taxe de consommation sur les fabrications textiles : 3 260 000 yens ; la taxe sur les voyageurs : 2 121 000 yens ; les droits de succession : 2 426 000 yens, etc.

Pour les recettes extraordinaires, ce sont naturellement les emprunts qui fournissent la plus grosse partie (environ 205 millions de francs) et dans les 20 281 000 yens de *recettes diverses*, sont compris 14 247 000 yens de ventes des biens de l'État et 2 152 000 yens provenant d'un virement du fonds destiné aux forêts.

Le tableau suivant donne une idée de la manière prodigieuse dont les recettes des administrations et des ventes des biens de l'État se sont développées en quelques années d'intervalle :

Recettes annuelles

des administrations et des ventes de biens de l'État japonais.

(Milliers de yens.)

NATURE DES RECETTES	1893-1894	1903-1904	1906-1907
Postes et Télégraphes.	6 488	24 844	30 459
Forêts.	1 061	2 228	4 971
Monopole du Sel.	»	»	26 275
— du Camphre. . .	»	274	912
— des Tabacs. . . .	»	14 898	30 289
Chemins de fer de l'État. . .	2 710	10 278	10 146
Vente des biens — . . .	679	1 051	14 247
Recettes diverses.	1 345	2 377	1 647
Totaux.	12 283	55 050	118 946

Les recettes prévues au budget de 1906-1907 pour les administrations et les ventes domaniales de l'État sont supérieures, à elles seules, à la totalité des ressources ordinaires et extraordinaires du budget de 1893-1894. Mais il convient d'attendre la clôture de l'exercice 1906-1907 pour savoir si ces prévisions se réaliseront complètement.

*
* *

Les dépenses, équilibrées sur le montant des recettes prévues, ont été réparties en deux catégories : 1° les dépenses ordinaires, s'élevant à 355 593 000 yens et constituant le budget normal de l'exercice ; 2° les dépenses extraordinaires représentent 139 112 000 yens et réparties entre les divers ministères.

Le trait caractéristique du budget 1906-1907 n'est pas seulement d'avoir fait entrer dans le budget ordinaire une foule des dépenses figurant à l'extraordinaire dans les deux budgets précédents (budgets de guerre), mais surtout l'organisation d'un *service extraordinaire du règlement des Dettes de l'Etat* qui doit, à l'aide des crédits permanents dont il a été doté par une loi spéciale, dite « loi du compte spécial du fonds destiné au règlement des dettes publiques », rembourser, dans un délai de trente années, tous les emprunts contractés à l'occasion de la guerre contre la Russie.

Cette loi, votée par la Diète et promulguée en mars 1906, estimant que l'ensemble de ces emprunts s'élèveront à 1 700 millions de yens ou 4 391 millions de francs, a décidé qu'un fonds spécial, séparé du reste du budget de l'Etat, recevrait chaque année des sommes suffisantes : 1° pour payer l'intérêt de ces emprunts ; 2° pour consacrer 110 millions de yens, ou 284 millions de francs, à l'amortissement ou au rachat des dettes relatives à la guerre et des emprunts émis pour les conversions d'anciennes rentes.

Ce service, dépendant du ministère des Finances, est administré par une Commission, présidée par le ministre en personne et comprenant les hauts fonctionnaires de ce ministère, le gouverneur de la *Banque du Japon* et d'autres membres choisis par le gouvernement.

La loi dispose que les sommes destinées à constituer le fonds extraordinaires peuvent être conservées en lingots d'or ou d'argent, ou converties en titres négociables, ou encore employées à des opérations avantageuses et sûres ; le gouvernement conservant d'ailleurs le droit de convertir les dettes de l'Etat, d'émettre, à leur place, d'autres emprunts à plus faible intérêt et même de racheter au-dessus de leur valeur nominale les dettes qu'il voudrait rembourser.

Ainsi, cette loi vise non seulement les emprunts émis à l'occasion de la guerre contre la Russie mais aussi toutes les dettes de l'Etat contractées antérieurement à 1904. Il est même probable qu'elle s'appliquera à l'emprunt de 421 millions de yens que le gouvernement devra émettre pour le rachat des Compagnies de chemins de fer dont nous avons parlé au Chapitre vii.

Voici comment se présente le budget des dépenses de 1906-1907, comparativement aux budgets des années 1903-1904 et 1893-1894 :

Budget des dépenses du Japon pour les exercices 1893-94,
1903-04 et 1906-07.

(En milliers de yens.)

NATURE DES DÉPENSES	1893-94	1903-04	1906-07
Liste civile.	3 000	3 000	3 000
Affaires étrang. : ordinaires. . .	624	2 719	2 723
— *extraordin.* . .	312	1 508	389
Intérieur : ordinaires.	7 662	10 885	9 815
— *extraordinaires.*. . .	2 427	16 056	5 762
Finances : ordinaires.	24 915	52 945	219 468
— Dette publique. . .	*(19 456)*	*(36 485)*	*(146 089)*
— *extraordinaires.*. . .	4 749	4 976	86 181
Guerre : ordinaires.	12 420	39 355	50 460
— *extraordinaires.*. . .	2 581	7 529	1 677
Marine : ordinaires.	5 141	21 530	28 914
— *extraordinaires.*. . .	5 680	14 588	10 614
Justice : ordinaires.	3 452	10 742	10 203
— *extraordinaires.*. . .	52	599	628
Instruc. publiq. : ordinaires. .	933	5 074	5 000
— : *extraordin.* . .	125	1 674	1 694
Agriculture, Commerce : ordin. .	929	2 923	3 926
— — *extraord.*	334	6 845	8 759
Communications : ordinaires.. .	5 470	20 590	22 022
— : *extraordin.*. .	1 449	25 968	23 409
Total des dépenses ordinaires.	64 546	169 762	355 593
— *extraordin.*	20 036	79 834	139 112
Total général des dépenses. .	81 582	249 596	494 705

Pour l'exercice 1905-1906, les dépenses ordinaires avaient été de 194 293 000 yens et les dépenses extraordinaires de 239 440 000 yens, soit, au total, 433 733 000 yens. Le budget de 1906-1907 — qui englobe, nous le répétons, toutes les charges résultant de la guerre — présente donc une augmentation de 60 972 000 yens par rapport à l'année précédente, mais l'augmentation s'élève à 245 109 000 yens si l'on fait la comparaison avec le budget de 1903-1904.

Entre 1903-1904 et 1906-1907, les dépenses ordinaires ont, en effet, progressé de 185 millions 831 000 yens et les dépenses extraordinaires de 59 278 000 yens, soit, au total, 245 millions 109 000 yens. Or, il est à remarquer que les deux budgets, ordinaire et extraordinaire, du ministère des Finances, qui ne représentaient, dans l'exercice 1903-1904, que 57 millions 921 000 yens, figurent au contraire pour 305 millions 649 000 yens dans l'exercice 1906-1907. C'est donc, pour ce seul ministère, une augmentation de 247 728 000 yens, supérieure elle-même de 2 619 000 yens à l'augmentation totale constatée entre les deux exercices.

Pour expliquer cette énorme différence, il suffit d'ajouter que toutes dépenses extraordinaires, connexes avec la guerre, afférentes à l'exercice 1906-1907, sont à la charge du ministère des Finances, et que le service de la dette publique a lui-même progressé de 109 millions 604 000 yens par application de la loi sur le règlement des dettes de l'Etat dont nous avons parlé plus haut.

Toute la question était alors de savoir si les recettes ordinaires de l'exercice 1906-1907 donneraient les résultats prévus pour l'équilibre budgétaire. Si le fait se réalisait et si le gouvernement mikadonal pouvait augmenter, ou simplement conserver, pour le budget de 1908-1909 et les suivants, les 392 532 000 yens de ressources normales figurant dans le budget de 1906-1907, on pourrait alors admettre que la puissance contributive du Japon est véritablement en état de supporter les charges nouvelles résultant de la guerre contre la Russie, et espérer que sa situation financière se régularisera aussi facilement et aussi rapidement que s'est régularisée la situation financière de la France après la guerre de 1870-1871.

Le nouvel *Annuaire financier du Japon* nous donne le projet de budget pour l'exercice 1907-1908 que la Diète a voté sans discussion. Voici le montant total des recettes et des dépenses de ce nouveau budget, comparées aux recettes et aux dépenses du budget de prévision de 1906-1907.

Budgets de prévision
des exercices 1906-1907 et 1907-1908.

(Milliers de yens.)

	1906-07	1907-08	AUGMENTATIONS en 1907-08
Recettes ordinaires. . .	392 532	424 447	31 915
— *extraord.* . .	102 173	186 946	84 773
TOTAL des recettes. .	494 705	611 393	116 688
Dépenses ordinaires . .	355 593	412 154	56 561
— *extraord.* .	139 112	199 239	60 127
TOTAL des dépenses. .	494 705	611 393	116 688

Une dépense extraordinaire de 8 402 813 yens, qui n'est pas comprise dans ces chiffres, figurera dans un projet de budget supplémentaire concernant les administrations du Kouang-Toung et de Sakhaline et les chemins de fer et les Universités de Corée.

L'augmentation des recettes ordinaires, provenant des impôts, taxes diverses et monopoles de l'État, est prévue pour 31 915 000 yens et celle des recettes extraordinaires, à couvrir par des emprunts : 84 773 000 yens. Sur cette augmentation globale de 116 688 000 yens les dépenses ordinaires absorberont 56 561 000 yens et les dépenses extraordinaires 60 127 000 yens.

Le budget de 1906-1907, clos à la date du 31 mars 1907, semble avoir donné des résultats très satisfaisants, car dans une communication qu'il a faite le 22 juin dernier à la *Société économique* de Tokio, M. Sakatani, ministre des Finances du Japon a dit que les recettes pour l'exercice fiscal 1906-1907 ont dépassé les prévisions de plus de 30 millions de yens et que grâce aux disponibilités existantes le Trésor pourrait peut-être se dispenser de l'emprunt intérieur qui a été prévu pour équilibrer le budget de 1907-1908.

Le ministre a ajouté que l'année nouvelle se présentait sous d'heureuses perspectives parce que la production de la soie semblait devoir gagner 20 pour 100 sur celle de 1906 ; que la récolte de l'orge avait été excellente, que celle du riz s'annonçait pleine de promesses et que la valeur du commerce extérieur — en nouvelle progression sur l'année précédente — s'établirait probablement entre 900 millions et un milliard de yens pour l'exercice 1907.

Le seul point défavorable serait la dépression qui règne sur le marché des valeurs mobilières et qui commencerait d'ailleurs à s'améliorer.

Pour nous le vrai point noir de la situation économique et financière du Japon c'est l'augmentation considérable des dépenses d'ordre militaire que le budget de 1907-1908 comporte, relativement aux prévisions du précédent budget. En voici le détail :

Dépenses de la Guerre et de la Marine japonaises
prévues dans les budgets de 1906-07 et 1907-08.

(Milliers de yens.)

DÉPENSES D'ORDRE MILITAIRE	1906-07	1907-08	AUGMENTATIONS pour 1907-08
Guerre : ordinaires. . .	50 460	53 664	3 204
— : extraord.. . .	1 677	57 954	56 277
Marine : ordinaires. . .	28 914	33 414	4 500
— : extraord.. . .	10 614	49 068	38 454
Total général. . .	91 665	194 100	102 435

Le gouvernement mikadonal veut évidemment profiter des énormes excédents de recettes ordinaires qui se sont produites depuis le commencement de l'année 1904 pour compléter sa nouvelle organisation militaire et navale. En effet sur l'augmentation de 116 688 000 yens de dépenses prévues pour l'exercice 1907-1908, la guerre et la marine absorberont, à elles seules, 102 435 000 yens.

D'après les explications récemment fournies à la Diète, dans les dépenses extraordinaires de l'armée figurent une somme de 22 004 301 yens pour l'achèvement de l'armement et l'établissement du service de deux ans dans l'infanterie, et une somme de 11 289 816 yens pour la construction de casernes destinées aux quatre divisions nouvellement créées.

Ces sommes ne sont que des acomptes sur deux crédits. dont l'un sera réparti sur onze exercices et l'autre sur quatre. Quant aux chiffres concernant la flotte, ils montrent que le Japon dépensera en sept ans la somme de 251 577 102 yens pour augmenter sa puissance navale.

Si le récent accord que le gouvernement japonais vient de signer avec le gouvernement de la République française (accord dont nous parlerons dans nos *Conclusions*) doit assurer la paix en Extrême-Orient : on est cependant obligé de convenir que le Mikado et ses ministres semblent surtout compter sur le vieil axiome : *Si vis pacem para bellum* pour atteindre cet heureux résultat.

XII

Fructus Belli.

Les résultats de la guerre contre la Chine. — L'annexion de Formose et sa mise en valeur. — Le traité de Portsmouth. — Établissement du protectorat japonais en Corée. — Réorganisation financière du pays de la Sérénité du matin. — L'île de Sakhaline. — Une gigantesque poissonnerie. — Les chemins de fer en Corée et en Mandchourie.

Si le traité de Portsmouth n'a pas alloué d'indemnité de guerre aux Japonais, il leur a cependant reconnu des avantages considérables dont ils pourront certainement tirer de grands profits, comme ils ont déjà su le faire avec l'île de Formose (*Taiwan*) que le traité de Simonosaki leur céda en 1895.

Formose, bien que rattachée nominalement à la province chinoise du Fou-Kien depuis 1683, était en réalité un repaire de pirates et de bandits que les Chinois n'avaient pu soumettre. La population aborigène, en rébellion permanente contre la Chine, nourrissait en outre une haine profonde à l'égard des étrangers qui se traduisait souvent par des actes sanglants d'agression, dont la Chine supportait généralement les conséquences.

En 1874, par exemple, des marins japonais naufragés ayant été massacrés par les indigènes de Formose et le gouvernement chinois ne voulant ou ne pouvant intervenir pour donner satisfaction au Japon, une expédition japonaise débarqua dans la petite baie de Liang-Kio, située au sud-est de l'ile, pour châtier les coupables. Une guerre fut sur le point d'éclater à cette occasion entre la Chine et le Japon; mais, grâce à une habile intervention de l'Angleterre, la cour de Pékin consentit, par l'arrangement du 31 décembre 1874, à donner pleine et entière satisfaction au gouvernement mikadonal.

Rappelons, pour mémoire, que la France avait déjà obtenu, par la force des armes, l'ouverture de certains ports de Formose au commerce étranger et qu'en 1884 l'amiral Courbet s'empara du port de Kelung, après avoir mis en complète déroute les troupes chinoises qui le défendaient.

On savait que le sol de Formose, dont la superficie représente à peu près six de nos départements, était très fertile, puisqu'on la surnommait « le grenier de la Chine », grâce à l'importance de ses rizières et de sa production en blé, millet, maïs, patates, cannes à sucre, camphre, thé, etc. On savait également que son sous-sol renfermait de riches gisements miniers : or, argent, cuivre, étain, plomb, houille, etc. ; mais on connaissait les dispositions hostiles de la population indigène, demi-barbare, considérée jusqu'alors comme indomptable et on se

demandait comment les Japonais s'y prendraient
pour y organiser une administration régulière
et mettre en valeur les richesses naturelles de
l'île.

Un rapport présenté par le gouvernement
mikadonal à l'Exposition universelle de Saint-
Louis, où Formose avait exposé ses principaux
produits, nous donne de précieux renseignements
à ce sujet.

L'annexion fut d'abord purement théorique car
les insulaires, à l'instigation de leur dernier gouverneur Liu et des anciens officiers et fonctionnaires chinois, s'insurgèrent contre leurs nouveaux maîtres. Les troupes japonaises pacifièrent
d'abord la région du nord et un an après la signature du traité de Simonosaki on put remplacer le
régime de l'occupation militaire par une administration civile qui s'efforça de respecter les
vieilles coutumes et les usages locaux et qui
réussit si bien à maintenir l'ordre et à donner
confiance aux habitants pacifiques de l'île, qu'en
avril 1897, c'est-à-dire à la fin de la période de
deux années que le gouvernement japonais avait
accordée aux Chinois habitant Formose, soit
pour quitter l'île, soit pour y rester à condition
de devenir sujets du Mikado : la presque totalité
de la population chinoise accepta, sans réserve,
la domination japonaise.

Quatre ans plus tard, en 1901, une nouvelle
expédition dirigée contre les rebelles du sud ré-
duisit considérablement le cercle de l'insoumis-

sion sans achever cependant la pacification, car les parties montagneuses de l'île sont habitées par des peuplades sauvages représentant environ 100 000 individus, qui opposent aux Japonais la plus farouche résistance. Mais il convient d'ajouter que la population chinoise, de beaucoup la plus nombreuse et la plus intéressée au rétablissement de l'ordre dans toutes les régions de l'île, a offert ses services au gouvernement nippon. Elle a organisé, à cet effet, des corps de volontaires chargés de la police locale, et, sous la conduite d'officiers japonais, une dernière expédition de 8 000 hommes, composée surtout de soldats chinois, a été organisée pendant l'automne 1906 pour occuper les territoires insoumis. On pense que l'île entière sera pacifiée avant la fin de 1907.

*
* *

L'île de Formose occupe une superficie de 34 974 kilomètres carrés et sa population, qui ne dépassait pas 2 500 000 habitants au 31 décembre 1897, atteignait le chiffre de 3 133 000 à la fin de décembre 1906.

Le sol de Formose est généralement montagneux ; on n'y rencontre guère que quatre plaines d'une certaine étendue et de formation quaternaire.

Les forêts couvrent la chaine de collines qui traverse l'île du nord au sud, et aussi toute la partie orientale. Bien qu'il soit difficile à l'heure actuelle de pouvoir donner sur ses ressources forestières des renseignements précis, on peut évaluer néanmoins à environ 2 116 000 chô (99 ares 17) la superficie des terrains boisés, ce qui représente non moins de 60 pour 100 de la surface entière de l'île.

De même qu'au Japon, le territoire cultivable se divise en deux parties : les terres basses, qui couvrent environ 213 165 chô et les terres hautes, avec 168 318 chô. Les premières sont susceptibles de produire deux récoltes de riz par an, et, comme le riz constitue le principal article d'alimentation du pays, les agriculteurs indigènes se consacrent d'une façon toute spéciale à cette culture.

Dans le nord de Formose on sème, pour la première récolte, au commencement ou au milieu de février, et on moissonne cinq mois après ; pour la seconde récolte, l'ensemencement a lieu au milieu ou à la fin de juin, et la moisson s'effectue à la fin d'octobre, ou au commencement de novembre. Dans le sud de Formose, ces époques sont avancées d'un mois environ.

Pour montrer les progrès que la culture du riz a faits, à Formose depuis son annexion au Japon, il nous suffira de dire que la production qui n'était que de 5 242 000 koku (180 litres) en 1896 a atteint 8 320 000 koku en 1904 et comme cette production excède de beaucoup, malgré l'augmentation de la population, les besoins de la consommation locale, la valeur des exportations de riz est passée de 913 000 yens en 1896 à 2 536 000 yens en 1904.

Le thé est également l'objet d'une culture importante et sa production s'est élevée en 1904 à 11 062 000 kin (600 grammes) contre 2 536 000 kin en 1896.

Pendant la même période, la production de la canne à sucre a progressé de 236 millions de kin à 1 075 millions ; celle des patates douces de 351 millions de kin à 1 135 millions ; celle du chanvre de 905 000 kin à 3 229 000 kin ; celle du safran de 819 000 kin à 2 566 000 kin, etc.

Le camphre mérite une mention toute spéciale car l'île de Formose est le plus grand fournisseur de ce produit pour le monde entier.

Pendant les premières années de l'annexion, l'administration japonaise conserva, à l'égard de l'exploitation camphrière, le système d'autorisations particulières en usage jusque-là, c'est-à-dire qu'elle accordait des licences aux raffineurs, indiquait les districts où le raffinage devait être effectué, mais laissait aux personnes autorisées le droit de faire libre usage des camphriers dans les districts désignés.

N'étant soumis à aucun contrôle, les raffineurs s'efforcèrent naturellement de produire la plus grande quantité possible de camphre tout en réduisant leurs frais ; ils en arrivèrent ainsi à n'utiliser que les parties les plus riches des camphriers, dont le nombre ne tarda pas à diminuer considérablement. D'autre part, pour augmenter leurs profits, ils mélangèrent au camphre des matières étrangères.

Ces fraudes, s'ajoutant à l'augmentation exagérée de la production par rapport à la consommation, avilirent les cours de ce produit, à ce point même que les raffineurs ne purent que fort difficilement acquitter les taxes auxquelles ils étaient imposés. C'est alors que le gouvernement fut amené à constituer en monopole l'exploitation camphrière, et cette mesure entra en application le 5 août 1899.

Les résultats ont été excellents pour les raffineurs qui, ayant amélioré la qualité de leurs produits, en retirent un meilleur prix; et pour le Trésor, dont les revenus spéciaux du camphre augmentent d'année en année.

En 1897, la production du camphre avait fourni 1 535 000 kin et celle de l'essence de camphre 639 000 kin. En 1904, cette même production s'est élevée à 3 541 000 kin pour le camphre et à 2 806 000 kin pour l'essence. Ces résultats, venant après ceux que nous avons donnés pour le riz, le thé, les cannes à sucre, les patates, etc., prouvent d'une manière incontestable que toutes les branches de l'agriculture formosienne ont réalisé d'immenses progrès depuis l'annexion japonaise.

*
* *

Les principales ressources minérales de Formose sont l'or, la houille, le soufre, le pétrole.

L'or existe à la fois sous forme de filons et sous forme de paillettes dans les alluvions. Sept mines sont actuellement en exploitation, dont les trois plus importantes sont celles de Kinkwaseki, Kyufun et Botan. Les sables aurifères se trouvent plus particulièrement sur les bords de la rivière de Kelung ; ils sont exploités d'une façon rudimentaire par les indigènes.

La houille se rencontre sur tout le territoire de Formose, dans les terrains de formation tertiaire ; la partie septentrionale est, toutefois, plus riche en gisements carbonifères que la partie méridionale. Il y a en général neuf couches superposées, d'une épaisseur moyenne de 2 à 4 pieds. L'exploitation en est faite d'une façon primitive par les indigènes. En 1904, le nombre des concessions atteignait 42, pour une superficie concédée de 3 934 742 tsubo (3^{mq},30).

On trouve le soufre dans le voisinage du mont Daiton, au Nord de Taihoku, et dans l'île de Kizan. La superficie concédée est actuellement de 294 205 tsubo, répartie entre cinq concessions.

Enfin, on a reconnu la présence de gisements pétrolifères dans les districts élevés du centre et les plaines contiguës ; mais, jusqu'ici, cette source de richesse n'a pas encore été sérieusement exploitée.

Le tableau suivant permet de suivre les pro-

grès de la production minérale de Formose de
1897 à 1904 :

PRODUCTION MINÉRALE DE FORMOSE

PRODUITS	1897	1904
Or. . . . . *(Mommé)*	17 629	443 483
Houille. . . . . (kin)	32 382 000	136 431 000
Soufre. . . . . (kin)	66 000	5 179 000

Nos lecteurs savent déjà que le mommé pèse
$3^{gr},750$.

Formose fut ouverte au commerce international en 1863 par le traité de Tientsin ; les
pavillons étrangers eurent alors libre accès
dans quatre ports : Takou, Amping, Tamsui et
Kelung.

Sous la domination chinoise, le commerce de
Formose s'est développé très lentement, par suite
de l'irrégularité des services entre l'île et la
Chine, de la difficulté des communications à l'intérieur, de l'absence de tout établissement de
crédit, et d'un système défini de poids et mesures.

Après l'annexion, le gouvernement japonais
ne négligea rien pour améliorer les conditions du
commerce de l'île, et de bons résultats ne tar-
dèrent pas à se produire. Les statistiques officielles accusent, en effet, pour le commerce extérieur de Formose, non compris les métaux
précieux, le chiffre global de 48 809 000 yens
pour 1905, contre seulement 37 717 000 yens en
1898, soit, en huit années, une augmentation
d'environ 30 pour 100.

Le total de 1905 se décompose en 24 366 000 yens d'exportations et 24 444 000 yens d'importations, toujours abstraction faite des métaux précieux, et pour prouver à quel point le Japon a tiré profit de sa nouvelle colonie, il nous suffira de constater que 13 661 000 yens des exportations de Formose vont à la métropole et que 13 484 000 yens de ses importations sont de provenance japonaise, alors qu'en 1898, ces mêmes chiffres se traduisaient par 3 216 000 yens aux exportations et 4 599 000 yens aux importations. En d'autres termes, les échanges commerciaux entre Formose et le Japon, qui ne représentaient en 1898 que 20 pour 100 du commerce extérieur total de l'île, ont atteint 55 pour 100 en 1905.

Mais il faut reconnaître aussi que le gouvernement mikadonal a tout mis en œuvre pour activer le développement économique de sa colonie : Un emprunt de 106 millions de francs fut voté dès 1898 pour y exécuter différents travaux publics, tels que la construction d'une grande voie ferrée artère, allant du Nord au Sud de l'île, de routes, de canaux, l'établissement d'un cadastre, etc...

En 1897-1898, il n'existait à Formose que 97 kilomètres de chemins de fer en exploitation ; en 1904-1905, le réseau exploité s'élevait à 372 kilomètres et le trafic qui n'avait porté, en 1897-1898, que sur 23 156 tonnes de marchandises et 265 142 voyageurs, a atteint 349 964 tonnes et 1 444 715 voyageurs en 1904-1905 ; quant aux recettes d'exploitation, elles ont passé de 232 591 yens pour 1897-1898 à 1 118 898 yens en 1904-1905.

L'expansion commerciale a été également facilitée par la création de la *Banque de Formose,* fondée aux termes de la loi de mars 1897.

Cette banque est une Société anonyme par actions, au capital de 5 millions de yens, qui possède un privilège d'émission. Ce privilège a été réglementé par une ordonnance de juillet 1904, qui a réformé le système monétaire de l'île. D'après cette ordonnance, la *Banque de Formose* est autorisée à émettre des billets d'un yen et au-dessus, convertibles en or.

Les billets mis en circulation ont d'abord, comme contre-partie, une réserve d'or et d'argent monnayés ou en lingots ; les émissions faites au delà du chiffre de cette réserve doivent être garanties par un montant équivalant en bons du gouvernement japonais, en billets de banque du Japon, en valeurs de tout repos et papier de commerce de bon crédit, sans toutefois que cette seconde émission puisse dépasser le montant de la réserve métallique. Au delà de cette dernière limite, la circulation supplémentaire est sujette à une redevance de 5 pour 100.

Entre l'exercice 1899 et l'exercice 1905 (le dernier que nous connaissions en ce moment), les principales opérations de la *Banque de Formose* ont progressé de la manière suivante :

Mouvement des dépôts : de 7 587 788 à 145 925 373 yens ; montant des escomptes : de 1 209 694 à 53 414 159 yens ; montant des avances : de 3 434 892 à 22 278 705 yens ; bénéfices bruts : de 207 476 à 1 998 868 yens.

Le service postal et télégraphique a réalisé les progrès suivants :

DÉSIGNATION	1896-1897	1904-1905
Bureaux de postes.	32	121
Lettres et imprimés.	5 237 279	15 512 209
Colis postaux.	33 571	162 675
Longueur des fils télégraphiques (Ri).	360	1 361
Dépêches expédiées.	411 029	984 958

Ces chiffres sont une nouvelle preuve de la transformation économique qui s'est accomplie dans l'île de Formose depuis son annexion au Japon.

Les finances de la nouvelle colonie ont été considérées comme dépenses extraordinaires de guerre et administrées par l'autorité militaire jusqu'au 31 mars 1896 ; elles sont passées ensuite à la comptabilité générale (Direction du ministère du Défrichement et de la Colonisation). Enfin, elles ont été mises en comptabilité spéciale depuis le 1er avril 1897 ; de sorte que l'île a aujourd'hui une administration financière indépendante.

Le tableau ci-après nous montrera avec quelle rapidité prodigieuse les recettes ordinaires de Formose ont augmenté pendant les huit dernières années :

Recettes budgétaires de Formose.

NATURE DES RECETTES	1899-1900	1904-1905	1906-1907
	Yens.	Yens.	Yens.
Impôts intérieurs.	1 979 392	4 129 062	5 382 354
Droits de douanes.. . . .	1 481 408	1 434 986	1 541 087
Monopoles et domaines. . .	6 570 757	10 386 010	17 915 678
Revenus du timbre. . . .	53 220	94 388	407 959
Licences et patentes. . . .	751	4 018	4 042
Recettes diverses.	73 123	121 871	113 286
Totaux des Recettes ordinaires.	10 158 651	16 170 335	25 364 426
— extraordinaires.	7 267 966	6 162 780	405 674
Total général.	17 426 611	22 333 115	25 770 100

Ces chiffres nous dispensent de tout commentaire ; ajoutons cependant que dans l'exercice 1906-1907 le monopole du camphre figure pour 6 721 920 yens ; le monopole de l'opium pour 4 206 240 : celui du tabac pour 3 322 320 yens et celui du sel pour 860 552 ; soit une recette totale de 15 111 032 yens, à laquelle il faut ajouter les recettes des postes et télégraphes et celles des chemins de fer qui appartiennent à l'Etat japonais.

Les dépenses ordinaires n'ont pas suivi la progression des recettes, car elles s'établissent, en 1906-1907, au montant total de 19 467 044 yens, contre 10 304 739 yens en 1899-1900 et 13 238 552 yens en 1904-1905. De sorte qu'avec l'excédent des recettes ordinaires sur les dépenses de même nature, le gouvernement général de l'île peut aujourd'hui faire face à ses dépenses extraordinaires : travaux publics, subventions et entreprises diverses, sans recourir à l'emprunt, ni au Trésor de la Métropole.

Il faut donc reconnaître que les résultats financiers obtenus par l'administration japonaise sont des plus remarquables, puisque malgré les charges fort lourdes, inévitables pour la mise en valeur d'un pays neuf, et malgré les actes de rébellion qu'elle a été obligée de réprimer, cette administration a su développer les ressources normales de la colonie avec une telle rapidité que ces ressources suffisent maintenant à tous ses besoins budgétaires.

Cette simple constatation est le plus bel éloge qu'on puisse faire des aptitudes coloniales des Japonais et elle nous indique, dans tous les cas, le parti qu'ils sauront tirer de la Corée et de la partie méridionale de l'île de Sakhaline, qui ont été la rançon territoriale de leur guerre victorieuse contre la Russie.

*
* *

Par l'article 2 du traité de Portsmouth (5 septembre 1905), le gouvernement russe « reconnaissant que le Japon possédait en Corée des *intérêts prépondérants*, politiques, militaires et économiques, s'est engagé à s'abstenir de toute opposition ou intention au sujet des mesures de bons conseils, *de protection ou de contrôle* que le gouvernement japonais jugerait nécessaire de prendre en Corée. » C'était la reconnaissance officielle du protectorat japonais en Corée que le nouveau traité d'alliance anglo-japonais, signé à Londres le 5 août précédent, avait déjà admise par son article 3, ainsi conçu :

Art. 3. — Le Japon ayant en Corée des intérêts prépondérants au point de vue politique, militaire et économique, la Grande-Bretagne lui reconnaît le droit de prendre telles dispositions *de contrôle, de protection ou de direction* qu'il jugera convenable pour sauvegarder ses intérêts dans la mesure où lesdites dispositions ne seront pas contraires au principe des facilités égales pour le commerce et l'industrie de toutes les nations.

Enfin, le gouvernement chinois lui-même, dans l'article 11 de l'accord qu'il a signé le 22 décembre 1905 avec le gouvernement japonais, pour le transfert au Japon du territoire à bail de Port-Arthur et des voies ferrées méridionales de la Mandchourie, a nettement reconnu le protectorat japonais sur la Corée en stipulant que « les gouvernements japonais et chinois s'engagent à ce que, dans tout ce qui se rapporte au commerce de frontière entre la Mandchourie et la Corée, le traitement de la nation la plus favorisée soit accordé réciproquement ».

Voilà donc une nouvelle possession de 218 000 kilomètres carrés, égale en superficie aux deux cinquièmes de la France continentale, ayant, d'après le recensement de 1901, une population sujette à l'impôt de 5 713 244 habitants, située à seulement 200 kilomètres du Nippon occidental, et que le gouvernement mikadonal va s'efforcer de mettre aussi rapidement en valeur, qu'il a su le faire pour l'île de Formose.

Le pays de la « Sérénité du matin », selon l'expression poétique qui précise la position géographique de la Corée entre le Japon et la Chine, a été l'une des contrées du monde restée le plus longtemps fermée aux étrangers. Il n'existe même, selon Elisée Reclus, aucune histoire sérieuse de cette nation, car les divers ouvrages affectant un caractère historique ne se rapportent qu'à un passé lointain, « parce qu'il était sévèrement défendu de publier, ou seulement de rédiger, un mémoire relatif aux événements modernes et mentionnant les noms des princes de la dynastie régnante ».

Ce que l'on sait, c'est que la Corée, d'abord tributaire de la Chine, fut conquise par les Japonais vers la fin du xvie siècle et que, pendant plus de deux cents ans, elle resta à la fois vassale du Céleste Empire et de l'Empire du Soleil levant. Elle conserva cependant son autonomie et refusa d'entrer en relations commerciales avec le Japon, la Chine et tous les autres pays étrangers jusqu'en 1876, date à laquelle le Japon — à la suite d'un conflit protocolaire qui faillit provoquer la guerre entre les deux pays — lui imposa, en faveur de ses nationaux, le droit de résider et de commercer dans le port de Fousan, situé au sud de la péninsule coréenne.

« Le traité de 1876 qui ouvrit au trafic japonais le territoire de la Corée, dit Elisée Reclus, est un fait considérable, car, à partir de cette convention, l'isolement politique et commercial du pays a cessé. De même que le Japon avait dû précédemment entrer, de gré ou de force, dans le concert des Etats, de même la Corée a dû, à son tour, se mettre en relations avec le Japon, et par le Japon, avec le reste du monde. »

Les Coréens se nourrissent surtout de riz, comme les Chinois et les Japonais : mais ne pouvant en exporter, ils se contentaient d'en produire seulement pour leurs besoins particuliers et ne songeaient point à utiliser les vallées et les plaines bordant le littoral de leur péninsule que la grande quantité de torrents et de rivières qui les arrosent constamment rend parfaites pour ce genre de culture.

Ces terrains alluvionnaires sont également excellents pour le froment, le maïs, le millet, tous les arbres fruitiers des climats tempérés, le coton, la canne à sucre, le tabac, le thé, la vigne, la pomme de terre, etc. Les Japonais le savaient à merveille et c'est pour cela que, ne pouvant tirer de leur propre territoire tous les produits nécessaires à leur alimentation, ils avaient depuis si longtemps jeté leur dévolu sur ce fertile pays de la « Sérénité du matin ».

C'est en grande partie pour atteindre ce but qu'ils ont déclaré la guerre à la Chine en 1894-1895 et c'est parce que le traité de Simonosaki, imposé par la politique russe, leur avait enlevé ce qu'ils considéraient alors comme une terre conquise, qu'ils ont engagé la guerre contre la Russie en 1904. Ils sont aujourd'hui définitivement maîtres de la Corée et la rapidité avec laquelle ils ont transformé l'île de Formose nous permet de croire qu'ils auront bientôt fait de la péninsule coréenne le grenier du Japon.

Le problème est facile à résoudre, car au point de vue politique et social la Corée, encore féodale au commencement du xxe siècle, est aussi inférieure au Japon actuel que celui-ci l'était, en 1868, à l'égard des nations occidentales.

D'ailleurs, le gouvernement mikadonal n'a pas attendu la fin de la guerre contre la Russie pour commencer la réorganisation des finances coréennes qui se trouvaient dans un état déplorable au moment où l'armée japonaise prit possession du pays ; et, dès le mois d'octobre 1904, un conseiller financier nippon, M. Megata, directeur des Revenus au ministère des Finances du Japon, fut donné comme *conseiller* au gouvernement coréen.

Dans un rapport publié en 1906, M. Megata rend compte des réformes qu'il a immédiatement imposées aux ministres de S. M. Yi-Hyeung, fantôme d'empereur que le gouvernement mikadonal conserve en Corée pour contresigner ses décisions.

Avant 1905, le gouvernement coréen ne dressait ni budget de recettes, ni budget de dépenses. Il publiait bien depuis quelques années un semblant de compte rendu financier, mais cette publication ne présentait aucun caractère d'authenticité, car l'empereur et ses ministres réalisaient des recettes et effectuaient des dépenses au gré de leurs fantaisies et sans aucun souci de l'équilibre budgétaire.

Aux désordres financiers venait s'ajouter le gâchis monétaire ; en effet, l'Hôtel des monnaies de Séoul comblait régulièrement les déficits du Trésor impérial par des émissions de mauvais aloi, ce qui rendait le commerce international très difficile et parfois impossible.

La première série des réformes que le gouvernement coréen subit fut la fermeture de l'Hôtel des monnaies, la complète assimilation du système monétaire coréen au système japonais, l'échange à un taux fixe des anciennes monnaies circulant dans le pays, contre des pièces nouvelles frappées au Japon et l'autorisation de pouvoir légal accordée pour toutes les transactions aux billets de la *Daï-itchi-Ginko* (première grande banque), établissement de crédit japonais depuis déjà plusieurs années en relations d'affaires avec la Corée, qui devint ainsi la Banque d'émission de l'empire.

La seconde mesure consista à faire de la *Daï-itchi-Ginko,* l'organe financier du Trésor, en la chargeant d'encaisser les recettes et de solder les dépenses du gouvernement ; et après ces deux réformes préliminaires, M. Megata établit les règles d'un budget annuel dont les recettes et les dépenses, divisées par chapitres selon la méthode japonaise, furent soigneusement évaluées et publiées, sous forme de loi, pendant le mois de décembre précédant l'année financière à laquelle ce budget se rapportait.

Si nous disions que ces mesures énergiques, destinées à supprimer des abus séculaires qui empêchaient tout développement économique du pays, ont été réalisées sans résistance de la part de la cour et des castes privilégiées qui en profitaient, on ne nous croirait pas... et on aurait raison. Mais M. Megata, soutenu par le marquis Ito, résident général japonais à Séoul, par les conseillers spéciaux que le gouvernement mikadonal — imitant l'exemple de l'Angleterre en Egypte — a placés auprès de chaque ministre coréen... et surtout le prestige de l'armée d'occupation, a finalement obtenu gain de cause. Voici sur quelles bases le budget coréen de 1906 a été établi :

Budget coréen de 1906.

Dépenses.	Yens.	*Recettes.*	Yens.
Maison impériale. .	1 300 000	Impôt foncier. . .	5 208 228
Conseil d'Etat. . .	69 686	— bâtiments. .	234 096
Affaires étrangères..	204 021	Autres impôts. . .	130 420
Intérieur.	960 856	Douanes.	850 000
Finances.	2 170 349	Restants.	952 000
Justice.	1 379 617	Recettes diverses. .	110 000
Guerre.	46 250	Total. . . .	7 484 000
Instruction. . .	154 949		
Travaux publics. .	38 604		
Dép. extraord. .	1 643 050		
Total.. . . .	7 967 382		

Indépendamment de sa richesse agricole, la Corée possède de nombreux gisements miniers : cuivre, plomb, étain et minerais de fer, qui commencent à être régulièrement exploités. L'or y serait même très abondant et son exportation a dépassé 26 millions en 1905. Il est à prévoir que, sous l'influence du développement des communications, les exploitations minières y prendront une grande extension, car la main-d'œuvre y est docile et abondante.

Une première ligne de chemins de fer a été construite par les Japonais, entre le port de Fousan, Séoul et Tchi-Moulpo ; cette ligne, qui a été comprise dans le plan de rachat présenté par le gouvernement mikadonal et voté par la Diète dans sa session de 1906, appartient aujourd'hui à l'Etat japonais, ainsi que le prolongement qui met la Corée en communication avec les lignes de la Mandchourie méridionale. A la fin de 1905, le réseau ferré coréen avait 1 108 kilomètres en exploitation et l'ensemble du commerce extérieur du pays s'élevait à environ 100 millions de francs, non compris les métaux précieux. Sur ce total, les exportations et les importations japonaises figuraient pour plus de 88 millions de francs [1].

*
* *

En obtenant, par l'article 9 du traité de Ports-

---

1. Pour les événements qui se sont passés en Corée en juillet 1907 voir les *annexes*.

mouth, la partie méridionale de l'île de Sakhaline, les Japonais rentraient en possession d'un
territoire qu'ils avaient occupé conjointement
avec les Chinois de la fin du dix-huitième siècle
à 1856, et conjointement avec les Russes, de
1856 à 1875. À cette dernière date le Japon
céda, par traité à la Russie, sa moitié de Shaka-
line en échange du groupe des îles Kouriles
(Tchishima), situé au nord-est de l'Hokkaïdo.

Ce traité de 1875, d'après M. Paul Labbé qui
a exploré l'île de Sakhaline un peu avant la
guerre russo-japonaise[1], fut un véritable marché de dupes, parce que les îles Kouriles ne
pouvaient être d'aucune utilité économique pour
le Japon et parce que le gouvernement russe
lui-même se trompait grossièrement en pensant
utiliser ce territoire au climat glacial comme
colonie pénitentiaire agricole.

Sakhaline a une superficie de 63 600 kilomètres carrés selon Elisée Reclus et de 73 360 kilomètres selon M. Paul Labbé ; elle mesure 900
kilomètres de longueur du nord au sud, et sa
largeur moyenne varie entre 25 et 150 kilomètres. C'est l'une des plus grandes îles du monde,
mais c'est aussi l'une des moins peuplées car sa
population aborigène : Guiliaks, Aïnos et Orot-
chones compte à peine 4 000 individus, vivant

---

1. *Un bagne russe*, par M. Paul Labbé : librairie Hachette.
Sakhaline, article du même auteur, publié dans le numéro du
1er octobre 1905 des « Questions diplomatiques et coloniales ».

exclusivement de la pêche en été et de la chasse
l'hiver.

D'après M. Paul Labbé, on trouve de l'or à
Sakhaline et surtout du naphte ; l'agent consulaire des États-Unis à Vladivostock a même
déclaré que les sources pétrolifères de l'île dépassent en importance celles de Bakou ; mais
M. Paul Labbé estime qu'avant de se faire une
opinion définitive sur ce fait il faut attendre des
avis plus documentés. La houille existe en abondance dans le nord de l'île, dans le district de
Derbinski ; elle est cependant de qualité inférieure comme certains lignites américains.

Pour les Japonais — dont le poisson est en
quelque sorte l'aliment national — la grande
utilité de la partie de Sakhaline qui leur appartient désormais, et qui est incontestablement la
meilleure au point de vue de la pêche, consiste
surtout dans l'immense quantité de saumons et
de harengs qu'on peut y pêcher chaque année.

Les poissons venaient nombreux jadis sur les côtes
et dans les rivières japonaises — dit M. Paul Labbé —
on pouvait les capturer facilement, trop facilement
même, car on a abusé d'une richesse qui n'était pas
inépuisable ; les saumons ont déserté peu à peu les
rivières d'où ils ont été chassés par des procédés de
pêche maladroits et irrationnels ; les harengs ont aban-
donné même les mers japonaises, effrayés, sans doute,
par les bateaux trop nombreux, car ce sont des poissons qui aiment la paix et détestent le bruit. Il y a
encore beaucoup de poissons au Japon, mais il est in-

contestable que leur nombre est en décroissance depuis quelques années.

Les poissons sont, au contraire, très nombreux sur les côtes russes. Au Kamchatka, ils arrivent en bancs si pressés qu'ils renversent des barques sur leur passage. Dans le fleuve Amour, les Cosaques font des pêches quasi miraculeuses ; dans les baies du continent, on voit des poissons qui sèchent au soleil accrochés à de longues perches dans tous les campements indigènes ; à Sakhaline, au moment où les saumons remontent les rivières, ils sont en rangs si compacts que les Aïnos et les Guiliaks entrés dans l'eau les prennent parfois à la main ; enfin, dans cette même île, deux fois par an, les harengs sont si nombreux que le reflux les laisse échoués sur le rivage.

C'est au printemps qu'arrivent pour la première fois chaque année les bancs de harengs : ils s'approchent du rivage et quelquefois, comme je viens de le dire, un banc presque entier y échoue. Les pêcheurs qui les trouvent n'ont aucune peine à s'en emparer : ils les ramassent à la pelle.

En été, les harengs reviennent, très nombreux encore ; les Japonais prétendent qu'ils sont d'une espèce différente des premiers, les Russes soutiennent le contraire. Quoi qu'il en soit, on doit constater que les harengs d'été sont plus petits, mais en revanche plus ronds et plus gras.

Lorsque les harengs sont capturés, les Japonais les mettent dans de grandes bassines et les font cuire. Quand ils jugent la cuisson suffisante, ils retirent les poissons, les mettent sous presse, en font sortir l'eau et la graisse. Cette opération terminée, les Japonais étendent sur le sol des nattes en paille de riz et y placent les harengs qui n'ont plus guère la forme de poissons : ils ne forment plus qu'une pâte d'aspect peu appétissant. Cette pâte sèche longtemps au soleil, on la recouvre les jours de pluie avec de grandes bâches, puis on la met dans des sacs faits eux aussi avec des nattes en paille de riz. L'engrais obtenu après tous ces préparatifs est de qualité excellente : il convient admirablement à la culture du riz et de l'indigo.

Bien entendu, tous les harengs de Sakhaline ne sont pas transformés en engrais ; les Japonais en salent de très grandes quantités qui servent à leur nourriture d'hiver. On pêche également, sur les côtes méridionales de l'île, des trépangs et des choux de mer, dont les Chinois font une grande consommation, de grandes huîtres d'excellente qualité, des crabes énormes d'un goût très délicat, etc...

Les Japonais feront donc de Sakhaline « une gigantesque poissonnerie qui alimentera leur pays tout entier » ; et pour prouver que cette île aride et inhospitalière avait déjà, même avant la guerre, une grande importance économique pour le Japon, M. Paul Labbé cite le passage suivant d'un rapport consulaire anglais :

En 1903, il est arrivé à Hakodaté, le grand port de l'île Yéso, ou Hokkaïdo, 11 115 tonnes de poisson achetées 1 900 000 francs. L'année précédente pouvait sembler meilleure encore : 12 028 tonnes, 2 135 000 francs ; on ne doit pas conclure pourtant que la pêche de 1903 ait été moins fructueuse que la précédente, mais il y a des lois qui régissent la pêche japonaise dans les mers russes d'Extrême-Orient, et, pour les avoir transgressées, une vingtaine de bateaux et les poissons qu'ils portaient avait été, cette année-là, confisqués par la Russie.

L'engrais de poissons, qui fut débarqué à Hakodaté, en 1903, représentait 28 390 tonnes valant 4 803 900 francs ; en 1902, on avait eu 19 979 tonnes pour 3 521 600 francs et la moyenne des cinq dernières années avait été de 17 624 tonnes et de 3 095 600 francs. L'engrais de poisson venait exclusivement de Sakhaline, où sa préparation occupait plusieurs milliers de travailleurs japonais. La graisse de poisson, apportée à Hakodaté et venue de la même île, avait été payée, en 1902, 92 600 francs les 536 tonnes, et, en 1903, cette industrie, naissante à Sakhaline, s'était brillamment développée : 1 033 tonnes et 176 800 francs.

Inutile d'ajouter que depuis que les Japonais ont pris possession de Sakhaline, c'est-à-dire depuis à peu près deux ans, les poissons salés et l'engrais de poisson importés par Hakodaté, ont considérablement augmenté en quantité et en valeur.

*
* *

Nous avons expliqué dans notre *Péril Jaune* (1901) comment la Russie obtint par le traité signé en octobre 1895 à Pékin, entre le comte Cassini et le Tsoung-li-Yamen, le droit de faire passer le Transsibérien par la Mandchourie et d'occuper *militairement* cette province pour en protéger les travaux.

En exécution du traité Cassini, le gouvernement russe créa avec ses propres capitaux la Compagnie des chemins de fer de l'*Est-Chinois*, qui construisit, entre 1896 et 1903, une grande voie ferrée se détachant de la section mandchoue du *Transsibérien* à Kharbin et descendant en droite ligne sur Port-Arthur, avec embranchement vers Dalny, où on créa un port commercial en remplacement de Port-Arthur, transformé en port militaire.

Pour relier cette grande artère — qui passait par Kouang-Chang-Tzu, Moukden et Tachichao — avec les chemins de fer du *Nord-Chinois*, c'est-à-dire pour mettre le *Transsibérien* et l'Europe en communication rapide avec Tientsin et Pékin, l'*Est-Chinois* établit une voie de jonction entre Tachichao et New-Chouang.

Rappelons immédiatement qu'en dehors du monopole de la construction et de l'exploitation des chemins de fer dans la Mandchourie méridionale, la Compagnie russe avait également obtenu un certain nombre de privilèges, parmi lesquels la concession de toutes les mines houillères et métallifères qui se trouveraient dans la province.

Les lignes de l'*Est-Chinois* ayant le même écartement de rails que le *Transsibérien* (6 pieds anglais ou 1^m,83) les locomotives et les wagons russes pouvaient circuler sur son réseau, mais non sur le réseau du *Nord-Chinois*, qui a, comme tous les chemins de fer de la Chine, l'écartement normal des réseaux de l'Europe occidentale (4 pieds anglais 8 pouces 1/2 ou 1ᵐ,44). Les voyageurs se rendant à Pékin par le *Transsibérien* devaient donc changer de voiture à New-Chouang et, pour atteindre les wagons du *Nord-Chinois,* ils avaient même à traverser le Liao en jonque ou en sampan, car le pont projeté sur ce fleuve pour joindre les deux réseaux n'était pas encore commencé au début de la dernière guerre.

Quand l'armée japonaise eut refoulé l'armée russe au nord de la presqu'île du Leatong et atteint la ligne de l'*Est-Chinois,* la première préoccupation de l'état-major japonais fut d'utiliser cette ligne pour la marche sur Moukden. Mais les Russes ayant poussé devant eux tout le matériel roulant, les ingénieurs nippons durent faire venir des locomotives et des wagons du Japon et modifier la superstructure de la voie, parce que l'écartement des rails des chemins de fer japonais est seulement de 3 pieds 6 pouces anglais, soit 1ᵐ,07.

Cette transformation avait, en outre, l'avantage d'empêcher l'armée russe, en cas de retour offensif, de se servir immédiatement de la ligne, puisque le matériel du *Transsibérien* ne pourrait y circuler qu'après le rétablissement de la voie à son écartement primitif.

Le réseau de l'*Est Chinois* avait un développement d'environ 1 050 kilomètres à la fin de 1903 et la presque totalité de ce réseau — sauf un tronçon de 233 kilomètres allant de Kharbin à

Khouang-Chang-Tzu — a été rétrocédée au Japon par les articles 6, 7 et 8 du traité de Portsmouth, ainsi conçus :

ART. 6. — Le gouvernement impérial de Russie s'engage à transférer et à assigner au gouvernement impérial du Japon, *sans compensation* et avec le consentement du gouvernement chinois, la voie ferrée entre Kouang Chang Tzu et Port-Arthur et tous ses embranchements, ainsi que tous les droits, privilèges et propriétés s'y rattachant dans cette région, de même que toutes les mines de charbon situées dans ladite région, appartenant à la voie ferrée ou exploitée pour son bon fonctionnement.

Les deux hautes parties contractantes s'engagent mutuellement à obtenir le consentement du gouvernement de la Chine mentionné dans la stipulation précédente.

ART. 7. — Le Japon et la Russie s'engagent à exploiter leurs voies ferrées respectives en Mandchourie exclusivement dans un but commercial et industriel et en aucune façon dans un but stratégique. Il est entendu que cette restriction ne s'applique pas à la voie ferrée située dans le territoire affecté par le bail de la péninsule de Leatong.

ART. 8. — Les gouvernements impériaux du Japon et de la Russie, en vue d'encourager et de faciliter les rapports et le trafic, concluront, aussitôt que possible, une convention distincte par le fonctionnement parallèle des services de leurs voies ferrées en Mandchourie [1].

---

(1) Cette convention a été signée à Saint-Pétersbourg le 13 juin dernier.

Les deux parties contractantes s'étant mutuellement engagées à obtenir du gouvernement chinois la ratification de cette cession, un traité spécial a été signé le 22 décembre 1905 entre la Chine et le Japon aux termes duquel le gouvernement japonais se trouve substitué au gouvernement russe pour tous les avantages que ce dernier gouvernement avait obtenus par le traité Cassini.

Le traité du 22 décembre 1905 a également reconnu aux Japonais le droit de conserver et d'exploiter commercialement, à des conditions déterminées, le chemin de fer militaire de 302 kilomètres qu'ils ont construit dans le courant de l'année 1904 entre le port d'Antoung et Moukden, pour faciliter le ravitaillement de leurs armées en Mandchourie.

En exécution de ces diverses clauses, le gouvernement japonais, d'accord avec le gouvernement chinois, a constitué (ordonnance impériale du 8 juin 1906) une Société japonaise par actions dite *South Manchurian Railway C°,* ayant pour objet de remettre en état et d'exploiter commercialement l'ancien réseau de l'*Est-Chinois* — sauf la section de Kharbin à Kouang-Chang-Tzu, qui est restée à la Russie ; — la ligne d'Antoung à Moukden et les riches mines de charbon de Fushun et de Yentaï.

L'ancien réseau de l'*Est-Chinois* : ligne de Port-Arthur, Dalny à Kouang-Chang-Tzu et embranchements, a 508 milles anglais ou 813 kilomètres ; il est concédé à la *South Manchurian R. C°* pour une période de 75 années ; mais le gouvernement chinois a conservé un droit de rachat contre remboursement des dépenses de premier établissement, qu'il ne pourra exercer qu'après l'amortissement des obligations créées par la Compagnie, et dont nous parlerons plus loin.

La ligne d'Antoung à Moukden aura une grande importance commerciale, car elle est destinée à relier le réseau coréen — dont le point terminus, Fousan, dans le détroit de Tsushima, est à seulement six heures de mer du Japon — avec le réseau de la Mandchourie méridionale, le *Nord-Chinois* et le *Transsibérien*. Cette ligne est concédée à la *South Manchurian R. C°* pour une durée de 18 ans, à partir du 22 décembre 1905, et, après cette date, le gouvernement chinois pourra la racheter moyennant un prix déterminé par un arbitrage.

Le capital social de la Compagnie japonaise a été fixé à 200 millions de yens (516 millions de francs), divisé en 1 million d'actions de 200 yens, sur lesquelles 500 000 actions entièrement libérées (258 millions de francs) ont été remises au gouvernement japonais en représentation de ses apports et des garanties qu'il accorde au capital engagé dans l'entreprise.

Sur les 500 000 actions de surplus, 100 000, représentant un capital de 20 millions de yens ou 51 600 000 francs, ont été souscrites à Tokio par des capitalistes japonais, et 10 pour 100 de ce capital, soit 2 millions de yens sont, à l'heure actuelle, appelés et payés.

D'après les termes du traité sino-japonais du 22 décembre 1905, la *South Manchurian R. C°* doit, dans un délai de trois ans — à partir du 1er avril 1907, date à laquelle les autorités militaires japonaises lui ont effectivement passé l'exploitation du réseau — transformer les anciennes lignes de l'*Est-Chinois* et la ligne militaire d'Antoung à Moukden, qui ont actuellement l'écartement des rails japonais de 3 pieds 6 pouces, en voies normales de 4 pieds 8 pouces et demi.

Grâce à cette transformation, le matériel de la *South Manchurian R. C°* pourra circuler librement sur les lignes coréennes et chinoises qui ont déjà l'écartement normal ; mais les voyageurs et les marchandises devront subir un transbordement à la gare commune de Kouang-Chang-Tzu pour passer des wagons du *Transsibérien* aux wagons de la *South Manchurian R. C°* ou vice versa.

Or, ce n'est pas avec un capital versé de **2** millions de yens que la nouvelle Compagnie pouvait aborder l'exécution de son vaste programme et dans l'état actuel du marché financier japonais, le gouvernement mikadonal ne voulant ni faire effectuer de nouveaux versements sur les 100 000 actions souscrites par ses nationaux, ni offrir une nouvelle tranche d'actions, au public,

a jugé à propos de faire émettre, le 23 juillet
dernier en Angleterre, un emprunt de 4 millions
de livres sterling, divisé en 200 000 obligations
de 20 livres sterling, rapportant 5 pour 100
d'intérêt annuel.

Cet emprunt, pris ferme par deux banques
anglaises, par la *Hongkong Banking* et la *Specie
Bank* de Yokohama, a été mal accueilli par les
capitalistes anglais, car la souscription publique
n'a obtenu que 52 pour 100 du capital offert à
96 pour 100 nets, et le lendemain de l'émission
les titres ont sensiblement baissé.

On peut attribuer cet échec relatif à plusieurs
causes : 1° la mauvaise situation du marché anglais qui, depuis quelques années, absorbe difficilement les nouveaux titres étrangers qu'on lui
offre ; 2° les troubles de Corée, qui se sont produits quelques jours avant l'émission publique
et qui ont pu faire craindre des nouvelles com-
plications entre les États-Unis et le Japon ;
3° enfin, les nombreux appels au crédit que le
Japon a dû faire à l'étranger depuis la fin de la
guerre.

Nous devons cependant reconnaître loyalement que les obligations de la *South Manchurian
R. C°* constituent un excellent placement car dans
le prospectus d'émission, approuvé par le gouvernement japonais, il est dit : « Les obligations
sont garanties sans condition, par le gouvernement impérial japonais, à la fois pour les
intérêts et le remboursement du capital. La

garantie portera sur chaque obligation qui sera contresignée pour le compte du gouvernement impérial japonais. »

En fait, la *South Manchurian R. C°* est une véritable Société d'État, car non seulement le gouvernement japonais donne sa garantie aux capitaux engagés dans l'entreprise, mais il possède la moitié de son capital social (les cinq sixièmes des actions actuellement émises), nomme lui-même le président, le vice-président et les deux directeurs de la Compagnie et en surveille directement la gestion par un contrôleur spécial qu'il délègue auprès du Conseil.

Le prospectus déclare que le produit de l'emprunt doit être affecté aux travaux suivants : 1° transformation de la voie de trois pieds six pouces des lignes ci-dessus désignées en voie de quatre pieds huit pouces et demi, exactement identique à celle des chemins de fer chinois et coréens ; 2° acquisition d'un nouvel et complet équipement de locomotives et de matériel roulant ; 3° doublement de la voie entre Dalny et Suchatun, sur un parcours de 380 kilomètres environ ; 4° travaux à exécuter dans le port de Dalny ; 5° travaux divers afférents aux mines de charbon et entrepôts.

Et nous y relevons encore ces phrases caractéristiques : « Les mines de charbon qui sont situées à Fushun et Yentaï sont considérées comme extrêmement riches. A Fushun, des couches de

50 pieds et même de plus de 100 pieds d'excellent charbon ont été découvertes. On s'attend à ce que l'extraction atteigne 4 000 tonnes par jour pour lesquelles un marché est tout prêt ». C'est plus de la dixième partie de la production houillère japonaise en 1906. « L'opinion du gouvernement japonais est que le chemin de fer sera le meilleur moyen pour développer les grandes ressources de la Mandchourie, au profit du commerce de toutes les nations sur le même pied et que le revenu de tous les capitaux engagés par la *South Manchurian R. C°* sera satisfaisant ».

Il est incontestable que la Mandchourie est une des plus belles et des plus fertiles provinces de l'empire chinois. Sa richesse a été largement démontrée pendant la dernière guerre, car les armées russes et japonaises en ont tiré une grande partie de leur subsistance. Or il n'est pas douteux qu'avec une bonne administration, une forte police et la pratique loyale de la *porte ouverte à tous,* il s'y produira un rapide accroissement de la population et un développement sérieux de la production agricole et manufacturière dont la *South Manchurian R. C°* sera la première à bénéficier.

Ajoutons que lorsque la transformation des voies de la Mandchourie méridionale sera achevée, c'est-à-dire vers le milieu de 1910, on pourra aller de Paris, de Londres ou de Berlin à Tokio en treize jours environ et que ce trajet d'environ 14 000 kilomètres, effectué dans des conditions parfaites de confort et de sécurité, ne comportera que six ou sept heures de traversée maritime.

Grâce à ces diverses concessions, les Japonais possèdent actuellement un magnifique réseau ferré qui leur réserve le bénéfice et le contrôle de tout le trafic présent et à venir entre la Chine, la Mandchourie, la Corée, la Russie et l'Europe; de même que par l'occupation à bail de Port-Arthur, du territoire adjacent, des eaux territoriales de la presqu'île du Leatong et de tous les droits, privilèges et concessions connexes, primitivement réservés à la Russie, le gouvernement du Mikado s'est assuré la police et la maîtrise du golfe du Petchili.

Par conséquent les Japonais, bien que n'ayant pu obtenir aucune indemnité de guerre en argent, ont cependant retiré de leurs victoires sur les Russes des avantages matériels et moraux considérables et tels qu'ils n'auraient osé les espérer au lendemain du traité de Simonosaki.

Leur pays est devenu une grande puissance dans toute l'acception du mot et, incontestablement, la première puissance de l'Extrême-Orient et du Pacifique ; il a acquis, par cela même, une influence prépondérante sur la Chine et sur tous les peuples de race jaune et, par la manière dont il a profité de la guerre de 1894-1895, on peut prévoir le parti qu'il saura tirer du traité de Portsmouth.

XIII

Population. — Divisions administratives et conditions actuelles de la vie du Japon.

Population du Japon de 1876 à 1906. — Population de Formose. — Divisions administratives et principales villes de l'Empire. — Densité de la population. — Prix moyen annuel des principales marchandises de consommation générale. — Taux moyen des salaires. — Influence de la dernière guerre.

L'une des causes qui ont le plus contribué à la rapide expansion économique du Japon, c'est l'accroissement prodigieux de sa population. Le tableau suivant nous en donnera une idée précise :

Population du Japon de 1876 à 1906.

ANNÉES	HOMMES	FEMMES	TOTAL	POPULATION par RI CARRÉ
1876.	17 419 763	16 918 604	34 338 367	1 385
1881.	18 423 253	17 935 702	36 358 955	1 466
1886.	19 451 498	19 055 703	38 507 201	1 553
1891.	20 563 416	20 155 261	40 718 677	1 642
1896.	21 561 023	21 147 241	42 708 264	1 722
1901.	22 933 469	22 503 590	45 437 059	1 833
1906.	24 567 186	24 041 757	48 608 943	1 960

(Le *ri carré* vaut environ 15 kilomètres carrés 42.)

Pendant la période 1876 à 1891 la population

japonaise a augmenté de 6 380 300 individus, soit une progression moyenne annuelle de 1,24 pour 100 pour les quinze années. Pendant les quinze années suivantes, c'est-à-dire de 1891 à 1906, l'augmentation a été de 7 890 300 individus et la progression moyenne annuelle s'est élevée à 1,29 pour 100 malgré deux guerres dont l'une, celle de 1904-1905, fut particulièrement meurtrière.

En Europe, il n'y a que l'Allemagne qui donne un pareil exemple de fécondité, car au cours des quinze dernières années connues (1890-1905) la population de l'Empire est passée de 49 428 000 à 60 637 000 habitants, soit une augmentation de 11 209 000 individus représentant une progression moyenne annuelle de 1,50 pour 100. Mais pendant toute cette période l'Allemagne a joui d'une paix absolue et d'une prospérité que le Japon ne connaît pas encore :

Population de Formose de 1897 à 1906.

ANNÉES	HOMMES	FEMMES	TOTAL	POPULATION par RI CARRÉ
1897.	1 316 875	1 138 478	2 455 353	1 083
1900.	1 453 379	1 237 008	2 690 387	1 186
1905.	1 637 098	1 422 137	3 059 235	1 349
1906.	1 673 842	1 459 163	3 133 005	1 381

Le tableau ci-dessus prouve que la population de Formose a réellement profité de la sécurité et du bien-être relatif que l'Administration japonaise lui a procuré puisque, à dix ans d'intervalle, cette population a progressé d'environ 678 000 habitants, ce qui constitue une augmentation moyenne annuelle de 2,76 pour 100, deux fois plus importante que celle du Japon lui-même.

Le dernier recensement officiel de la population japonaise a eu lieu le 31 décembre 1903 et les chiffres des années suivantes, y compris ceux de 1906, sont établis d'après l'excédent annuel naissances sur les décès; mais pour avoir la densité de la population dans les diverses parties de l'Empire il faut s'en rapporter aux états de 1903 :

Superficie et population du Japon

d'après le recensement du 31 décembre 1903.

ILES	SUPERFICIE en KILOM. CARRÉS	POPULATION TOTALE	DENSITÉ par KILOM. CARRÉ
Japon central. . . .	94 793	17 988 209	190
— septentrional. .	78 225	7 075 501	90
— occidental. . .	53 561	10 396 384	194
Sikokou.	18 210	3 167 696	174
Kiou-Siou..	43 615	7 260 834	167
Hokkaïdo (Yéso). . .	94 012	843 615	9
Formose.	34 974	2 852 461	81
Totaux.	417 390	49 584 700	119

On doit encore ajouter à ce tableau la partie sud de l'île de Sakhaline (33 600 kilomètres carrés) et 3 878 kilomètres carrés de petites îles lointaines dont la population n'est pas exactement connue.

Au point de vue administratif, le Japon est

divisé en 47 départements et 638 arrondissements. Il compte 60 grandes villes, 1 125 bourgs
et 12 304 villages. Parmi les grandes villes, 16
avaient — à la fin de 1905 — plus de 50 000 habitants et moins de 100 000 ; 3 plus de 100 000 et
moins de 200 000 et 6 une population supérieure
à 200 000 habitants.

Ces six villes sont : *Tokio*, 1 818 655 habitants ; *Osaka*, 995 945 habitants ; *Kioto*, 380 568
habitants ; *Yokohama*, 326 035 habitants ; *Nagoya*,
288 639 habitants, et *Kobé*, 285 002 habitants.

Les départements, les bourgs et les villages
ont un budget spécial, administré par un conseil
départemental, municipal ou communal et ali-
menté par des revenus locaux, indépendants des
impôts perçus par l'Etat. Ces départements,
bourgs et villages peuvent contracter des
emprunts avec l'autorisation du ministre des
Finances, sauf pour les emprunts remboursables en moins de trois ans qui sont dispensés
de cette autorisation.

Pendant l'exercice 1894-1895 l'ensemble des
budgets locaux se traduisait par 66 231 000 yens
de recettes et 55 862 000 yens de dépenses. Dix
ans plus tard, en 1904-1905, le total de ces mêmes
budgets s'est élevé à 131 533 000 yens pour les
recettes et à 121 807 000 yens pour les dépenses.

Les excédents de recettes sur les dépenses,
ainsi que la généralité des emprunts contractés,
sont employés en travaux publics d'ordre local

et il est à supposer qu'on a beaucoup construit
de routes, de ponts, d'écoles et d'hôpitaux depuis
dix ans au Japon car l'ensemble des dettes des
départements, bourgs et villages, qui était à
peine de 10 300 000 yens en 1895, avait dépassé
67 millions de yens en 1903 et 77 millions
en 1906.

*
* *

Si on défalque du recensement de 1903 l'île
de Formose, qui n'appartient au Japon que depuis
1895, et l'île de Yeso, située dans l'extrême nord
et qui rappelle par son climat glacial et son territoire ingrat l'île de Sakhaline — de laquelle
l'Hokkaïdo n'est d'ailleurs séparé que par le
détroit de Soya, large de 35 milles seulement —
on constate que la population et la superficie
des cinq grandes divisions de l'Empire représentaient en 1903 :   45 888 524 individus et
288 404 kilomètres carrés, soit une densité
moyenne de 159 habitants par kilomètre carré,
alors que d'après les derniers recensements connus la densité moyenne des principales nations
de l'Europe est de : Espagne : 37 habitants ;
Hongrie : 60 habitants ; France : 74 habitants ;
Autriche : 87 habitants ; Allemagne : 112 habitants ; Italie : 118 habitants ; Grande-Bretagne :
132 habitants ; Hollande : 169 habitants et Belgique : 243 habitants.

La densité du Japon n'est donc dépassée en
Europe que par la Hollande et la Belgique ; mais
on ne saurait oublier qu'il n'existe pour ainsi

dire pas de terres incultes dans ces deux petits pays, tandis que les grandes îles qui forment le Japon proprement dit ont près d'un tiers de leur territoire (montagnes, plages maritimes, marais, etc.) absolument impropre à la culture.

D'ailleurs, la statistique de son commerce extérieur et la hausse progressive du prix des articles d'alimentation sur le marché intérieur, prouvent que l'Empire du Soleil levant ne peut, au point de vue alimentaire, se suffire à lui-même et qu'il est dans l'obligation absolue de trouver, au dehors, des centres de production aussi rapprochés que possible — tels que Formose, la Corée et Sakhaline — pour fournir à sa population sédentaire, toujours croissante, ce que le territoire indigène ne lui donne qu'en partie.

En prenant comme terme de comparaison l'année 1895 (traité de Simonosaki) et l'année 1903, qui a immédiatement précédé la guerre contre la Russie, voici la progression des principaux articles alimentaires importés au Japon :

Importation des principaux articles alimentaires au Japon en 1895 et 1903.

ARTICLES	1895	1903	AUGMENTATIONS EN 1903
	Yens.	Yens.	Yens.
Riz.	4 367 000	51 960 000	47 603 000
Froment.	8 000	4 768 000	4 760 000
Daïzou (fèves). . .	2 555 000	6 369 000	3 814 000
Farines..	407 000	10 324 000	9 917 000
Tabacs en feuille. .	36 000	1 077 000	1 041 000
Sucres.	11 747 000	20 966 000	9 219 000
Pétrole..	4 304 000	11 456 000	7 152 000
Totaux. . . .	23 414 000	106 920 000	83 506 800

Soit, à huit années de distance, et pour seulement sept articles, une augmentation d'importation de 214 600 000 francs en comptant le yen à 2 fr. 57, cours moyen de l'année 1903.

Un autre fait qui démontre péremptoirement l'insuffisance de la production indigène, c'est la hausse constatée chaque année par la statistique officielle japonaise sur les principales marchandises nécessaires à l'existence. Voici les résultats de cette hausse pour la même période :

Prix moyen annuel à l'intérieur du Japon
des principales marchandises de consommation générale.

MARCHANDISES		1895	1903	AUGMENTATION en 1903.	
		Yen.	Yen.	Yen.	0/0
Riz.	(par koku).	8 21	13 68	5 47	66
Froment. . .	—	5 30	9 32	4 02	76
Saké.. . . .	—	17 23	34 30	17 07	99
Shôyu. . . .	—	9 57	18 29	8 72	91
Thé.. . . .	(par 100 kin).	30 26	44 62	14 36	47
Tabac coupé fin.	—	26 55	69 81	43 26	163
Sucre blanc. .	—	10 35	12 70	2 35	22
Poisson séché.	(par 100 kwan).	2 26	3 62	1 36	60
Pétrole.. . .	(par caisse).	2 38	2 93	0 55	23
Houille. . .	(par tonne).	4 90	5 81	0 91	18
Moyenne des prix..		11 70	21 51	9 81	84 0/0

La hausse a été naturellement plus importante sur les produits tels que le tabac, le *saké* et le *shôyu* qui ont été spécialement atteints par les impôts votés pour la réalisation du programme d'expansion militaire et navale de 1896, mais en établissant la moyenne générale des prix, comme on le fait pour les *index-numbers,* on constate qu'entre 1895 et 1903, les prix, dans leur ensemble, ont haussé de 84 pour 100.

On doit également attribuer une partie de la hausse constatée entre 1895 et 1903 à l'augmentation de la population japonaise (4 462 000 habitants) et au développement de l'industrie indigène se traduisant par une progression des exportations qui sont passées de 136 112 000 yens en 1895 à 289 502 000 yens en 1903.

Malgré cette hausse énorme, la vie pour les classes laborieuses est encore moins chère au Japon que dans nos vieilles nations d'Europe, car en exprimant en francs et en mesures françaises les prix moyens de 1903, nous voyons que le riz y a valu cette année-là 19 fr. 53 l'hectolitre ; le froment : 13 fr. 30 l'hectolitre ; le *saké* (eaux-de-vie de riz) : 0 fr. 49 le litre ; le tabac coupé fin : 3 francs le kilogramme ; le poisson sec : 0 fr. 25 le kilogramme ; le sucre blanc : 0 fr. 54 le kilogramme et la houille : 12 fr. 50 la tonne.

*
* *

Il est vrai que le taux des salaires japonais, malgré la hausse considérable qui s'est produite en leur faveur entre 1895 et 1903, est encore aujourd'hui très sensiblement inférieur au taux des pays les plus pauvres de l'Europe. Le tableau suivant, tiré du dernier *Annuaire économique et financier du Japon,* ne laisse aucun doute à cet égard :

Taux moyen annuel des salaires au Japon
pour les principales professions :

PROFESSIONS	1895	1903	AUGMENTATION en 1903.	
	Yens.	Yens.	Yens.	0/0
Charpentier.	0 312	0 588	0 276	88
Plâtrier..	0 313	0 605	0 292	93
Menuisier.	0 296	0 535	0 239	81
Cordonnier..	0 315	0 535	0 220	70
Tailleur..	0 252	0 473	0 224	87
Forgeron.	0 289	0 523	0 234	81
Ouvrier agricole.. . .	0 185	0 313	0 128	69
Tisseur.	0 182	0 338	0 156	85
Pêcheur..	0 232	0 373	0 141	60
Terrassier.	0 223	0 400	0 177	79
Journée moyenne. . .	0 260	0 468	0 208	80

Ce sont les ouvriers plâtriers qui sont le mieux payés au Japon. En 1903, ils ont reçu en moyenne 1 fr. 55 pour douze heures de travail. contre 0 fr. 80 en 1895. Les plus mal rétribués sont les ouvriers agricoles, dont le salaire quotidien n'a pas dépassé 0 fr. 80 en 1903, contre 0 fr. 47 en 1893.

En considérant le salaire moyen des dix principales professions, nous constatons que le prix de la journée moyenne est passé de 0 fr. 67 en 1895 à 1 fr. 21 en 1903, soit une augmentation de 80 pour 100 pour la période observée.

Nos lecteurs seront peut-être curieux de connaître le salaire moyen des ouvrières japonaises : En 1903, les ouvrières agricoles, tisseuses ou fileuses de soie ont reçu en moyenne 0 fr. 50 par journée de travail, les servantes domestiques, un salaire mensuel moyen de 4 fr. 37 et les filles de ferme un salaire annuel de 53 fr. 73.

Il est étonnant qu'avec le développement extraordinaire que l'industrie japonaise a pris pendant la période 1895-1903 on puisse encore se faire servir à si bon compte dans l'Empire du Soleil-levant. Cela tient à la fois à l'accroissement de la population dont nous parlions plus haut, à la docilité, à l'endurance et à la sobriété des classes laborieuses.

Si ces conditions peuvent se maintenir pendant un certain nombre d'années, le Japon deviendra rapidement une grande nation industrielle — comme il est devenu en peu de temps une grande nation militaire et maritime — et ses usines, déjà munies d'un outillage des plus perfectionnés, pourront, grâce à leur bas prix de revient, lutter victorieusement contre la production manufacturière des nations les mieux organisés de l'Europe et de l'Amérique.

Nous devons cependant constater que les nouveaux impôts que le gouvernement japonais à appliqués dès le début de la guerre contre la Russie et qu'il a maintenus d'une manière à peu près intégrale pour régulariser sa situation financière, ont dû avoir une certaine influence sur le coût de la vie au Japon car, d'après la même statistique officielle, le taux moyen des prix-marchandises dans l'ensemble du pays étant représenté par 100 pour le mois de décembre 1903, s'est successivement élevé à 108,65 et 115,22 pour les mois de décembre 1904 et 1905.

Les salaires, il est vrai, n'ont pas suivi la même progression puisque leur taux moyen, sur toute la surface du territoire (toujours représenté par 100 pour le mois de décembre 1903) est descendu — sous l'influence de l'ouverture des hostilités qui a momentanément paralysé l'industrie nationale — à 89,50 au mois de juin 1904, pour remonter ensuite à 99,49 à la fin de l'année et atteindre 109,34 pendant le mois de décembre 1905.

Mais cette courte période a trop subi les effets directs de la guerre pour que l'on puisse, en ce qui concerne l'avenir, tirer argument de la hausse générale des prix survenue entre la fin des années 1903 et 1905. Ce sont les résultats des années 1907 et suivantes qui seront curieux à observer car le Japon ayant consolidé sa nouvelle dette, réorganisé ses finances et définitivement fixé son nouveau régime fiscal : on pourra alors apprécier dans quelle mesure ses conditions économiques générales auront été modifiées par les charges financières résultant de sa guerre contre la Russie.

XIV

Conclusions.

Avantages du traité de Simonosaki. — Importance de l'indemnité de guerre chinoise. — Le traité de Portsmouth a au contraire augmenté la dette publique japonaise de plus de 4 500 millions de francs. — Les difficultés de liquidations financières sont plus grandes qu'après la guerre de Chine. — La paix est aujourd'hui nécessaire au Japon. — L'entente cordiale avec la France et les arrangements récemment intervenus entre le Japon et la Russie sont des garanties pacifiques pour toutes les puissances.

Bien que les Japonais aient toujours affecté de considérer le traité de Simonosaki comme une frustation, la guerre de 1894-1895 contre la Chine a été cependant très favorable à leurs intérêts politiques, économiques et financiers :

1° En facilitant au Japon la conclusion de nouveaux traités de commerce avec les grandes nations étrangères (1899) qui assurèrent partout un meilleur traitement à ses produits, provoquèrent, par cela même, une formidable extension de son industrie nationale et le débarrassèrent en même temps, du régime humiliant de l'exterritorialité que ces nations lui avaient imposé au moment de l'ouverture de ses ports au commerce international ;

2° En lui cédant en toute propriété, la riche île de Formose, qu'il a si rapidement mise en valeur et qui lui a créé une situation prépondérante dans le Fou-Kien, belle province de la Chine méridionale ayant environ 23 millions d'habitants et dont Formose n'est séparée que par un détroit de 150 kilomètres ;

3° Enfin, en lui accordant une indemnité de guerre de près d'un milliard de francs, alors que les emprunts qu'il avait lui-même contractés à l'occasion de ladite guerre n'avaient pas dépassé 323 millions de francs.

L'indemnité chinoise a eu pour le Japon une importance peut-être encore plus considérable que l'annexion de Formose parce que, sans elle, le change japonais n'aurait jamais pu, entre 1897 et 1904, se maintenir à la parité fixée par la réforme monétaire de 1897... et que si le cours du yen avait sensiblement baissé, le gouvernement mikadonal se serait trouvé dans l'impossibilité de réaliser aussi bien et aussi vite qu'il a su le faire, le fameux programme de la revanche de Simonosaki.

En effet, pendant la période septennale 1896-1903, les dépenses de la Guerre et de la Marine japonaises connexes avec le programme de 1896, atteignirent, avons-nous déjà dit, 1 890 millions de francs contre seulement 418 millions pour la période septennale précédente. On a calculé que, sur cette augmentation de 1 472 millions de francs, plus de la moitié, soit environ 750 millions de francs, fut employée en achats à l'étranger de navires, de munitions et de matériel de guerre. Or, nous savons que malgré les nouveaux impôts votés par la Diète, en 1896 et 1899, et malgré le versement des 943 millions de *francs d'or* de l'indemnité chinoise, le gouvernement mikadonal a été obligé, entre la fin des années 1895 et 1903, d'augmenter la dette du Japon de 256 374 000 yens. ou 662 millions de francs, dont 410 millions de francs d'emprunts intérieurs et 252 millions d'emprunts étrangers.

On peut conclure de ces chiffres que, sans l'indemnité de guerre accordée par le traité de Simonosaki, l'exécution du programme de 1896 eût imposé au Japon une surcharge financière absolument au-dessus de ses forces contributives d'alors, et que la réforme monétaire de 1897 eût elle-même échoué car le déficit commercial du Japon, c'est-à-dire l'excédent total de ses importations sur ses exportations, s'est élevé pendant cette période (1897-1903) à 876 millions de francs.

*
* *

Le traité de Portsmouth n'a pas attribué d'indemnité de guerre au Japon, et il paraît cependant certain que la guerre de 1904-1905 a actuellement augmenté la dette publique japonaise de près de 4 500 millions de francs, et que, sur cette somme, environ 3 milliards de francs, représentant un service annuel d'intérêt et d'amortissetissement de près de 170 millions de francs, seront ou sont déjà placés à l'étranger.

Cette augmentation de dépenses d'ordre extérieur, venant s'ajouter au déficit commercial, si ce déficit persistait, pourrait créer, dès que la période des emprunts extérieurs sera terminée, une situation très grave au régime monétaire et aux finances du Japon si le gouvernement mikadonal ne s'efforçait, le plus rapidement possible, de réduire la dette étrangère et d'améliorer la balance commerciale [1].

Ces deux choses seront facilement réalisables si les Japonais, contrairement à ce qui s'est produit après la signature du traité de Simonosaki, admettent loyalement que le traité de Portsmouth leur a donné tous les avantages qu'ils pouvaient espérer de leurs victoires sur les Russes et si, abandonnant toute idée de nouvelle revanche ou de future agression, ils s'attachent résolument à calmer les appréhensions que l'accroissement de leur puissance militaire et maritime et l'influence prépondérante qu'ils exercent aujourd'hui sur la Chine, et qu'ils pourront exercer demain sur tous les peuples de race jaune, ont fait naître en Europe et en Amérique.

---

1. D'après les dernières statistiques officielles nous savons que le commerce extérieur de 1906 se présente en très grande amélioration sur celui des années précédentes puisque les exportations se sont élevées à la somme énorme de 423 669 000 yens et les importations à seulement 418 803 000 yens, laissant un *excédent d'exportations* de 4 866 000 yens.

La politique extérieure du gouvernement japonais doit être absolument pacifique parce que d'une part, son grand projet de nationalisation des chemins de fer va l'obliger à contracter, à l'égard des Compagnies rachetées, une nouvelle dette de 421 millions de yens, dont les intérêts et l'amortissement doivent être exclusivement fournis par les recettes des nouvelles lignes acquises par l'Etat, et que, d'autre part, les opérations de consolidation et de conversion des emprunts contractés pendant la guerre ne sont pas encore terminées.

A ces raisons de paix s'ajoutent encore : l'achèvement de la pacification de Formose et de l'organisation politique, économique et financière de la Corée ; la réfection des lignes cédées à la *South-Mandchourian C⁰*, si gravement endommagées pendant la guerre ; la transformation en voies normales des anciennes lignes militaires d'Antoung à Moukden et de Moukden à Sin-Min-Tun (tête de ligne sur Pékin) ; la construction des nouvelles lignes destinées à compléter le réseau coréen et de la Mandchourie méridionale, etc.

La tâche financière du gouvernement japonais est donc beaucoup plus lourde et beaucoup plus compliquée aujourd'hui qu'elle ne l'était au lendemain de la guerre contre la Chine. En effet, cette dernière guerre n'avait laissé que des charges financières insignifiantes au Japon et le gouvernement mikadonal, répondant à la volonté énergiquement exprimée par l'opinion publique nippone put, grâce à l'indemnité payée par la Chine, réaliser le programme de la revanche de Simonosaki avec 87 millions de francs de nouveaux impôts créés en 1896 et 118 millions de francs de taxes spéciales votées par la Diète de 1899.

Mais les taxes de 1899 — qui devaient disparaître à la fin de 1903 — sont devenues permanentes à cause de la guerre, et elles se sont même augmentées des *taxes extraordinaires de la guerre* votées en 1904 et 1905, que le gouvernement s'était engagé de supprimer dès le commencement de l'année qui suivrait la paix et qui ont été maintenues, comme les précédentes, dans les recettes budgétaires ordinaires pour faire face aux charges écrasantes que la guerre a laissées après elle.

*
* *

Nous arrivons donc à cette conclusion que le Japon a, pour de longues années, un besoin absolu de paix. C'est d'ailleurs dans une voie résolument pacifique que son gouvernement semble s'être engagé et l'accord que M. Kurino, ambassadeur de S. M. l'Empereur du Japon auprès du Président de la République française, a signé à la date du 10 juin 1907, avec M. Pichon, notre ministre des Affaires étrangères, révèle des dispositions qu'on ne saurait trop approuver.

Le préambule de cet acte diplomatique déclare, en effet, que « les gouvernements de la France et du Japon, d'accord pour respecter l'indépendance et l'intégrité de la Chine, ainsi que le principe de l'égalité de traitement dans ce pays pour le commerce et les ressortissants de toutes les nations, et ayant un intérêt spécial à voir l'ordre et un état de choses pacifique garantis notamment dans les régions de l'Empire chinois voisines des territoires où ils ont des droits de sou-souveraineté, de protection ou d'occupation, s'engagent à s'appuyer mutuellement pour assurer la paix et la sécurité dans ces régions, en vue du maintien de la situation respective et des droits territoriaux des deux parties contractantes sur le continent asiatique ».

En conséquence de ce premier accord, les deux gouvernements, se réservant d'engager des pourparlers en vue de la conclusion d'une convention commerciale en ce qui concerne les relations entre le Japon et l'Indo-Chine française, ont convenu que le « traitement de la nation la plus favorisée sera accordé aux fonctionnaires et sujets du Japon dans l'Indo-Chine française pour tout ce qui concerne leurs personnes et la protection de leurs biens et ce même traitement sera appliqué aux sujets et protégés de l'Indo-Chine française dans l'Empire du Japon, et cela jusqu'à l'expiration du traité de commerce et de navigation signé entre le Japon et la France le 4 août 1896 ».

Ce traité est un gage sérieux de tranquillité en Extrême-Orient, non seulement parce qu'il écarte tout sujet de conflit entre la France et le Japon, mais parce que s'ajoutant au traité d'alliance anglo-japonais, dont nous donnerons le texte à la fin de cette étude, à notre entente cordiale avec l'Angleterre et, surtout, à notre traité d'alliance avec la Russie — qui, ayant été mise au courant de nos négociations avec le gouvernement japonais, en a complètement approuvé la lettre et l'esprit — il constitue un ensemble de garanties pacifiques dont toutes les nations ayant des intérêts territoriaux ou commerciaux en Extrême-Orient profiteront.

Un autre fait nous permet de croire que le gouvernement mikadonal comprend parfaitement que le Japon a besoin de plusieurs années de tranquillité, pour atténuer les lourdes charges fiscales que la guerre de 1904-1905 a léguées à la population actuelle : Le traité de Portsmouth après avoir rétrocédé au Japon, sans compensation, toutes les voies ferrées de l'*Est-Chinois*, situées au sud de Chang-Chun, disait, par son article 8, « que les gouvernements impériaux du Japon et de Russie, en vue d'encourager et de faciliter les rapports et le trafic, concluaient *aussitôt que possible* une convention distincte pour le fonctionnement parallèle des services de leurs voies ferrées en Mandchourie ».

Or, les négociations relatives à cette convention après avoir traîné en longueur pendant plus

d'une année, et donné souvent des inquiétudes
aux amis de la Russie et du Japon, ont abouti
à une solution satisfaisante pour les deux pays
car le 13 juin dernier — c'est-à-dire presque au même moment où se réalisait à Paris
l'accord franco-japonais — une convention, déter-
minant les conditions d'exploitation des voies
ferrées chinoises de la Mandchourie Orientale
et Méridionale par la Russie et le Japon, était
signée à Saint-Pétersbourg par M. Iswolski, ministre des Affaires étrangères de Russie, et
M. Motono, ambassadeur du Japon.

Ajoutons, pour terminer, qu'une entente relative aux pêcheries de Sakhaline avait déjà été
conclue à Tokio par les deux gouvernements et
qu'au moment même où nous écrivons ces lignes,
toutes les difficultés résultant de l'application des
diverses clauses du traité de Portsmouth parais-
sent aplanies.

La politique extérieure du gouvernement mikadonal est donc aujourd'hui très nettement
orientée dans un sens pacifique, et on peut espérer que dans l'intérêt de l'Europe et dans
l'intérêt de la population japonaise elle-même,
il en sera longtemps ainsi.

ANNEXES

—

Traité de paix de Portsmouth, entre la Russie et le Japon.

Article premier. — Il y a désormais paix et amitié entre Leurs Majestés l'Empereur du Japon et 'l'Empereur de toutes les Russies, et entre leurs états et sujets respectifs.

Art. 2. — Le gouvernement impérial russe, reconnaissant que le Japon possède en Corée des intérêts prépondérants, politiques, militaires et économiques, s'engage à s'abstenir de toute opposition ou intention au sujet des mesures de bons conseils, de protection ou de contrôle, que le gouvernement impérial du Japon peut juger nécessaire de prendre en Corée.

Il est convenu que les sujets russes en Corée seront traités exactement de la même manière que les sujets ou citoyens des autres puissances étrangères, c'est-à-dire qu'ils seront placés sur le même pied que les sujets ou citoyens de la nation la plus favorisée.

Il est aussi entendu qu'afin d'éviter toutes causes de malentendus, les deux hautes parties contractan tes s'abstiendront, sur la frontière russo-coréenne, de prendre aucune mesure militaire qui puisse menacer la sécurité du territoire russe ou coréen.

ART. 3. — Le Japon et la Russie s'engagent mutuellement :

1° A évacuer complètement et simultanément la Mandchourie, à l'exception du territoire affecté par le bail de la péninsule de Leatong, conformément aux clauses de l'article additionnel 1er annexé à ce traité ;

2° A rétrocéder entièrement et complètement à l'administration de la Chine toutes les parties de la Mandchourie actuellement occupées ou sous le contrôle des troupes japonaises, à l'exception des territoires ci-dessus mentionnés.

Le gouvernement impérial de Russie déclare n'avoir en Mandchourie aucun avantage territorial, ni aucune concession préférenticlle ou exclusive au détriment de la souveraineté chinoise ou incompatible avec le principe des facilités égales.

ART. 4. — Le Japon et la Russie s'engagent réciproquement à ne pas porter obstacle aux mesures générales communes à toutes les puissances que la Chine pourrait prendre pour le développement du commerce et de l'industrie de la Mandchourie.

ART. 5. — Le gouvernement impérial de Russie transfère et assigne au gouvernement impérial du Japon, avec le consentement du gouvernement de la Chine, le bail de Port-Arthur-Talien-ouan, et du territoire adjacent, les eaux territoriales et tous les droits, privilèges et concessions connexes ou inclus dans ledit bail.

Il transfère également et assigne au gouvernement impérial du Japon tous les travaux publics et propriétés

situés dans le territoire affecté par le bail ci-dessus
mentionné.

Les deux hautes parties contractantes s'engagent
mutuellement à obtenir le consentement du gouvernement chinois mentionné dans la stipulation précédente.

Le gouvernement impérial du Japon s'engage, de
son côté, à ce que les droits de propriété des sujets
russes dans le territoire auquel il est fait allusion ci-
dessus seront parfaitement respectés.

Art. 6. — Le gouvernement impérial de Russie s'engage à transférer et à assigner au gouvernement impérial du Japon, sans compensation, et avec le consentement du gouvernement chinois, la voie ferrée
entre Chang-chun (Kuan-chang-zu) et Port-Arthur, et
tous ses embranchements, ainsi que tous les droits,
privilèges et propriétés s'y rattachant dans cette région, de même que toutes les mines de charbon situées
dans ladite région, appartenant à la voie ferrée, ou
exploitées pour son bon fonctionnement.

Les deux hautes parties contractantes s'engagent
mutuellement à obtenir le consentement du gouvernement de la Chine mentionné dans la stipulation précédente.

Art. 7. — Le Japon et la Russie s'engagent à exploiter leurs voies ferrées respectives en Mandchourie
exclusivement dans un but commercial et industriel
et en aucune façon dans un but stratégique.

Il est entendu que cette restriction ne s'applique
pas à la voie ferrée située dans le territoire affecté par
le bail de la péninsule de Leatong.

Art. 8. — Les gouvernements impériaux du Japon

et de Russie, en vue d'encourager et de faciliter les rapports et le trafic, concluront aussitôt que possible une convention distincte pour le fonctionnement parallèle des services de leurs voies ferrées en Mandchourie.

Art. 9. — Le gouvernement impérial de Russie cède au gouvernement impérial du Japon à perpétuité et en toute souveraineté la partie méridionale de l'île de Sakhaline, toutes les îles adjacentes, les travaux publics et propriétés qui s'y trouvent.

Le 50ᵉ degré de latitude Nord est adopté comme frontière septentrionale du territoire cédé.

La délimitation exacte de ce territoire sera déterminée conformément aux clauses de l'article 2 additionnel annexé à ce traité.

Le Japon et la Russie s'engagent mutuellement à ne construire dans leurs possessions respectives de l'île de Sakhaline ou dans les iles adjacentes aucune fortification ou aucun autre ouvrage militaire semblable.

Ils s'engagent aussi respectivement à ne prendre aucune mesure militaire de nature à entraver la libre navigation des détroits de La Pérouse et de Tartarie.

Art. 10. — Les sujets russes habitant le territoire cédé au Japon auront la faculté de vendre leurs biens réels et de regagner leur pays ; mais, s'ils préfèrent rester dans le territoire cédé, ils seront maintenus et protégés dans le plein exercice de leurs industries et droits de propriété, à la condition de se soumettre aux lois et à la juridiction japonaises.

Le Japon aura toute liberté de retirer le droit de résidence ou de déporter de ses territoires tout habitant frappé de déchéance politique ou administrative.

Il s'engage cependant à ce que les droits de propriété
de ces habitants soient pleinement respectés.

Art. 11. — La Russie s'engage à s'entendre avec le
Japon pour accorder aux sujets japonais les droits de
pêcherie le long des côtes des possessions russes dans
les mers du Japon, d'Okhotsk et de Behring.

Il est entendu que l'engagement ci-dessus n'affec-
tera pas les droits appartenant déjà aux sujets russes
ou étrangers dans cette région.

Art. 12. — Le traité de commerce et de navigation
entre le Japon et la Russie ayant été annulé par la
guerre, les gouvernements impériaux du Japon et de
Russie s'engagent à adopter comme base de leurs relations commerciales, en attendant la conclusion d'un
nouveau traité de commerce et de navigation, sur les
bases du traité qui était en vigueur avant la guerre
actuelle, le système de traitement réciproque sur le
pied de la nation la plus favorisée, ce qui comprend
les droits d'importation et d'exportation, les formalités
de douane, les droits de transit et de tonnage, et l'administration et le traitement des agents, sujets et navires d'un pays dans le territoire de l'autre.

Art. 13. — Aussitôt que possible, après que le traité
actuel sera entré en vigueur, tous les prisonniers de
guerre seront réciproquement rendus.

Les gouvernements impériaux du Japon et de Russie désigneront chacun un commissaire spécial, qui
sera chargé de recevoir les prisonniers.

Tous les prisonniers aux mains d'un des gouvernements seront livrés au commissaire de l'autre gouvernement ou à son représentant dûment autorisé, et reçus par lui en nombre tel et dans tel port de l'État qui
effectuera la remise, qu'ils seront désignés à l'avance

par ce dernier État aux commissaires de la puissance à qui seront destinés les prisonniers.

Chacun des gouvernements du Japon et de Russie présentera à l'autre, aussitôt que possible après que la remise des prisonniers aura été terminée, une déclaration des dépenses directes subies par lui pour le soin et le maintien des prisonniers, depuis la date de la capture ou de la reddition jusqu'à celle de la mort ou de la remise.

La Russie s'engage à rembourser au Japon, aussitôt que possible après l'échange de déclarations ci-dessus, la différence entre le montant des sommes déboursées par le Japon et le montant des sommes déboursées par la Russie.

ART. 14. — Le présent traité sera ratifié par Leurs Majestés l'Empereur du Japon et l'Empereur de toutes les Russies. Cette ratification sera, avec aussi peu de retard qu'il est possible, et dans tous les cas pas plus tard que cinquante jours à partir de la date de la signature du traité, annoncée aux gouvernements impériaux du Japon et de Russie, respectivement par l'intermédiaire du ministre de France à Tokyo et par l'ambassadeur des États-Unis à Saint-Pétersbourg. A partir de la date de la dernière de ces déclarations, le traité entrera en vigueur dans toutes ses parties.

L'échange formel des ratifications aura lieu à Washington aussitôt que possible.

ART. 15. — Le traité actuel sera signé en double, en français et en anglais. Les textes en seront absolument conformes, mais en cas de contestation dans l'interprétation, le texte français fera foi.

ARTICLES ADDITIONNELS

Conformément aux clauses des articles 3 et 9 du

traité de paix entre le Japon et la Russie, les plénipotentiaires soussignés ont conclu les articles additionnels suivants :

1° Relativement à l'article 3 :

Les gouvernements impériaux du Japon et de la Russie s'engagent mutuellement à commencer le retrait de leurs forces militaires des territoires de Mandchourie simultanément et immédiatement après que le traité de paix entrera en vigueur ; et dans une période de dix-huit mois à partir de cette date, les armées des deux puissances seront complètement retirées de la Mandchourie, à l'exception du territoire pris à bail de la péninsule de Leatong.

Les forces des deux puissances occupant les positions de première ligne seront les premières retirées.

Les hautes parties contractantes se réservent le droit de maintenir des gardes pour assurer la protection de leurs voies ferrées respectives en Mandchourie.

Le nombre de ces gardes ne devra pas dépasser quinze par kilomètre ; en se basant sur ce chiffre maximum, les commandants des armées japonaise et russe fixeront d'un commun accord le nombre des gardes à employer, en fixant ce nombre à un chiffre aussi bas que possible pour les besoins de la nation.

Les commandants des forces japonaises et russes en Mandchourie s'entendront sur les détails de l'évacuation, conformément aux principes ci-dessus, et prendront d'un commun accord les mesures nécessaires pour l'évacuation aussitôt que possible, et, dans tous les cas, pas plus tard que dans la période de dix-huit mois.

2° Relativement à l'article 9 :

Aussitôt que possible après que le traité actuel sera entré en vigueur, une commission de délimitation, composée d'un nombre de membres égal qui seront nommés respectivement par les deux hautes parties contractantes, devra sur les lieux fixer d'une façon permanente la frontière exacte entre les possessions japonaises et russes dans l'île de Sakhaline.

La commission devra, autant que les considérations topographiques le permettront, suivre le 50ᵉ parallèle de latitude Nord comme ligne de frontière et en cas d'écarts de cette ligne, sur tous les points qui seront nécessaires, une compensation sera faite pour des écarts identiques sur d'autres points.

Ladite commission devra également préparer une liste descriptive des îles adjacentes comprises dans la cession.

Enfin, la commission devra préparer et signer des cartes indiquant la frontière des territoires cédés.

Le travail de la Commission sera soumis à l'approbation des hautes parties contractantes.

Les articles additionnels ci-dessus doivent être considérés comme ratifiés en même temps que la ratification du traité de paix auxquels ils sont annexés.

> Portsmouth, le 5ᵉ jour du 9ᵉ mois de la 38ᵉ année de meiji, correspondant au 23 août (5 septembre) 1905.

En foi de quoi, les plénipotentiaires respectifs ont signé et apposé leur sceau au présent traité de paix.

> Fait à Portsmouth (New-Hampshire), le 5ᵉ jour du 9ᵉ mois de la 38ᵉ année de meiji, correspondant au 23 août (5 septembre) 1905.

Convention anglo-japonaise de 1905.

PRÉAMBULE. — Les gouvernements de la Grande-Bretagne et du Japon, désireux de remplacer l'accord conclu entre eux, le 30 janvier 1902, par de nouvelles stipulations, ont accepté, d'un commun accord, les articles suivants, qui ont pour but :

a) Le raffermissement (*consolidation*) et le maintien de la paix générale dans les régions de l'Asie orientale et des Indes ;

b) Le maintien des intérêts communs de toutes les puissances en Chine, en assurant l'indépendance et l'intégrité de l'empire chinois et le principe de l'égalité (*equal opportunities*) pour le commerce et pour l'industrie de toutes les nations en Chine ;

c) Le maintien des droits territoriaux des hautes parties contractantes dans les régions de l'Asie orientale et des Indes, et la défense de leurs intérêts spéciaux dans lesdites régions.

ARTICLE PREMIER. — Il est convenu que, toutes les fois que la Grande-Bretagne ou le Japon croiront voir les intérêts plus haut cités en danger, les deux gouvernements s'en feront part en toute franchise et étudieront, d'un commun accord, les mesures à prendre pour sauvegarder lesdits intérêts.

ART. 2. — Si, par suite d'une attaque ou d'une agression quelconque d'une ou plusieurs puissances quelconques, une des hautes parties contractantes se trouvait en état de guerre pour la défense de ses intérêts territoriaux ou d'un des intérêts spéciaux mentionnés dans le préambule ci-dessus, l'autre partie contractante se portera immédiatement au secours de son alliée au titre de belligérante, et ne signera la paix que d'un commun accord avec elle.

ART. 3. — Le Japon ayant en Corée des intérêts prépondérants aux points de vue politique, militaire et économique, la Grande-Bretagne lui reconnaît le droit de prendre telles dispositions de contrôle, de protection ou de direction qu'il jugera convenable de prendre pour sauvegarder ses intérêts dans la mesure où lesdites dispositions ne seront pas contraires au principe des facilités égales pour le commerce et l'industrie de toutes les nations.

ART. 4. — La Grande-Bretagne ayant des intérêts tout particuliers sur toute la frontière des Indes, le Japon lui reconnaît le droit de prendre, dans les environs de cette frontière, telles mesures qu'elle jugera nécessaires pour la protection de ses possessions dans l'Inde.

ART. 5. — Ni l'une ni l'autre des hautes parties contractantes ne conclura, sans consulter l'autre partie contractante, avec une autre puissance quelconque, des arrangements indépendants préjudiciables aux buts qu'expose le préambule de cet accord.

ART. 6. — En ce qui concerne la guerre actuelle entre le Japon et la Russie, la Grande-Bretagne continuera de maintenir une stricte neutralité, à moins qu'une autre puissance quelconque ou d'autres puissances quelconques ne prennent part à des hostilités contre le Japon. Dans ce cas, la Grande-Bretagne viendra en aide au Japon, conduira la guerre de concert avec le Japon et fera la paix d'un commun accord avec le Japon.

ART. 7. — Les conditions auxquelles l'une des deux puissances devra accorder à l'autre des secours militaires dans les circonstances auxquelles il est fait allusion dans cet accord, ainsi que les moyens par lesquels les secours devront être rendus disponibles, seront réglés par les autorités navales et militaires des parties contractantes, qui se consulteront de temps en temps l'une l'autre, pleinement et librement, au sujet de toutes les questions ayant un intérêt commun.

Art. 8. — Compte étant tenu des termes de l'article 6, l'accord actuel doit entrer en vigueur immédiatement après la date de sa signature et demeurera en vigueur *pendant une période de dix ans,* à partir de cette date. Dans le cas où ni l'une ni l'autre des hautes parties contractantes n'aurait signalé, douze mois avant l'expiration desdites dix années, l'intention de le terminer, l'accord doit demeurer en vigueur jusqu'à expiration d'un an, à partir du jour ou l'une ou l'autre des deux hautes parties contractantes l'aura dénoncé. Cependant, dans le cas où, au moment où la date fixée pour l'expiration sera arrivée, l'un ou l'autre des alliés sera en train de faire la guerre, l'alliance sera maintenue *ipso facto* jusqu'à conclusion de la paix.

En foi de quoi les soussignés, autorisés par leurs gouvernements respectifs, ont signé cet accord et y ont apposé leurs sceaux.

Fait en double à Londres, le douzième jour d'août 1905.

LANSDOWNE,
Principal secrétaire d'État de Sa Majesté Britannique pour les Affaires étrangères.

TADASU HAYASHI,
Envoyé extraordinaire et ministre plénipotentiaire de Sa Majesté l'empereur du Japon près la cour de Saint-James.

Traité sino-japonais du 22 décembre 1905.

ARTICLE PREMIER. — Le gouvernement impérial chinois accepte tous les transferts et assignements que la Russie a consentis au Japon par les articles 5 et 6 du traité de paix précité (de Portsmouth).

ART. 2. — Le gouvernement impérial japonais s'engage, en ce qui concerne le territoire cédé à bail aussi bien qu'en ce qui concerne la construction des voies ferrées et l'exploitation, à se conformer autant que possible aux accords primitifs conclus entre la Russie et la Chine. Dans le cas où une question se poserait à l'avenir sous ces rapports, le gouvernement japonais prendra sa décision en consultant le gouvernement chinois.

ART. 3. — Le traité actuel entrera en pleine vigueur dès la date de la signature. Le traité doit être ratifié par LL. MM. l'empereur du Japon et l'empereur de Chine, et la ratification doit être échangée à Pékin aussitôt que possible, d'ici à deux mois au plus tard.

En foi de quoi les plénipotentiaires respectifs ont signé ce traité en double, en langues japonaise et chinoise, et y ont apposé leurs sceaux.

Fait à Pékin, ce 22 décembre de la 38e année de meiji, correspondant au 26e jour de la 11e lune de la 31e année de Kouang-Siu.

Le traité est suivi de l'accord suivant :

ARTICLE PREMIER. — Le gouvernement impérial chinois accepte que, aussitôt que possible après que les troupes japonaises et russes auront évacué la Mandchourie, la Chine elle-même ouvre les villes mandchouriennes que voici comme places de commerce et

de résidences internationales. Dans la province de
Ching-King : Toueg-Hoang-Tcheng, Liao-Yang, Sin-
Ming-Ting, Tiéline, Toung-Kiang-Tsou et Takoumen.
Dans la province de Girine : Chang-Choun (Kouang-
Tcheng-Tsou). Girine, Kharbine, Ningouta, Houn-
Tchoun et San-Sing. Dans la province de Hé-Loung-
Kiong : Tsitsikar, Khaïlar, Aïgoun et Manchuli.

Art. 2. — Étant donné le désir sincère que le gouvernement impérial chinois a exprimé de voir retirer
les troupes et gardes du chemin de fer japonais et
russe, aussitôt que possible, et afin de se conformer à
ce désir, le gouvernement impérial japonais, dans le
cas où la Russie accepterait le départ de ses gardes de
chemins de fer, ou dans le cas où d'autres mesures
convenables seraient acceptées d'un commun accord
entre la Chine et la Russie, consent à prendre des mesures analogues. C'est ainsi que, une fois que la tranquillité sera rétablie en Mandchourie, et que la Chine
sera elle-même en mesure d'accorder pleine protection aux personnes et aux biens des étrangers, le Japon retirera ses gardes de chemins de fer simultanément avec la Russie.

Art. 3. — Dès le départ des troupes du gouvernement impérial japonais d'une région quelconque de la
Mandchourie, le gouvernement japonais signalera au
gouvernement impérial chinois la région évacuée et
même dans la période stipulée pour le retrait des
troupes dans les articles supplémentaires du traité de
paix entre le Japon et la Russie. Le gouvernement
chinois peut envoyer les troupes nécessaires dans la
région évacuée qui lui aura été signalée, afin de maintenir l'ordre et la tranquillité dans ces régions. Dans
le cas où, dans la région d'où les troupes japonaises
ne seront pas encore retirées, des bandits indigènes

auront provoqué des désordres ou causé des dégâts, les autorités locales chinoises peuvent également envoyer les troupes nécessaires pour faire prisonniers ou disperser ces bandits. Les troupes en question ne doivent pas cependant pénétrer dans un rayon de 20 li chinois de la limite du territoire où seront postées les troupes japonaises.

ART. 4. — Le gouvernement impérial japonais s'engage à ce que les propriétés publiques et particulières chinoises en Mandchourie que les forces japonaises auront occupées ou expropriées par suite de nécessités militaires, soient restituées au moment où les troupes japonaises se retireront de la Mandchourie, et que les propriétés dont on n'aura plus besoin dans un but militaire soient restituées même avant le départ des troupes japonaises.

ART. 5. — Le gouvernement impérial chinois s'engage à prendre toutes les mesures nécessaires pour protéger pleinement et complètement les terrains de Mandchourie où sont situés les tombeaux et monuments des officiers et soldats japonais tués pendant la guerre.

ART. 6. — Le gouvernement impérial chinois convient que le Japon a le droit de maintenir et exploiter la ligne de chemin de fer militaire construite entre Antoung et Moukden et d'améliorer ladite ligne de façon qu'elle puisse servir à transporter les marchandises commerciales et industrielles de toutes les nations. Ce droit est concédé pour un terme de quinze ans à partir de la date où les améliorations dont il est question plus haut auront été achevées.

L'œuvre de l'amélioration doit être achevée dans un délai de deux ans, sans compter une période de douze mois pendant laquelle les travaux devront être retardés par suite de la nécessité qu'il y aura à se servir de la ligne actuelle pour assurer le départ des troupes. Le terme de la concession doit donc venir à expiration dans la quarante-neuvième année de Kouang-Siu.

A l'expiration de ce terme, ledit chemin de fer doit être vendu à la Chine au prix que déterminera l'évaluation de toutes ces propriétés par un expert étranger que choisiront les deux parties.

Le transport sur le chemin de fer des troupes et des munitions de guerre du gouvernement chinois antérieurement à la vente doit avoir lieu suivant le règlement du chemin de fer de l'Est-Chinois.

En ce qui concerne la façon dont doivent s'effectuer les améliorations de la voie ferrée, il est entendu que la personne chargée de cette œuvre pour le compte du Japon doit conférer avec le commissaire que la Chine enverra à cet effet.

Le gouvernement chinois nommera également un commissaire à l'effet de surveiller les affaires ayant trait au chemin de fer, suivant les termes de l'accord relatif au chemin de fer de l'Est-Chinois. De plus, il est entendu qu'un règlement détaillé doit être arrêté relativement au tarif du transport sur le chemin de fer des marchandises publiques et particulières chinoises.

Art. 7. — Les gouvernements impériaux japonais et chinois, dans le but d'encourager et de faciliter les relations et la circulation, concluront aussitôt que possible une convention indépendante relativement à la réglementation de services de raccordement entre les voies ferrées de la Mandchourie et toutes les autres voies ferrées en Chine.

Art. 8. — Le gouvernement impérial chinois s'engage à ce que tout le matériel nécessaire pour les chemins de fer du Sud de la Mandchourie soit exempt de tous droits, impôts et likin.

Art. 9. — Les moyens d'établir la concession japonaise à In-Kéou, dans la province de Ching-King, qui a toujours été ouverte au commerce, et à Antoung et à Moukden, dans la même province, villes qui ne sont pas encore ouvertes, quoi qu'elles doivent l'être, seront réglés et déterminés indépendamment par des fonctionnaires japonais et chinois.

Art. 10. — Le gouvernement impérial chinois accepte qu'une compagnie par actions se composant de capitalistes japonais et chinois, soit organisée pour exploiter les forêts dans les régions situées sur la rivière Yalou et qu'un accord détaillé soit conclu, accord dans lequel il sera question du rayon et du terme de la concession, aussi bien que de l'organisation de la compagnie et de tout le règlement relatif à l'œuvre conjointe de l'exploitation. Les actionnaires japonais et chinois auront une part égale dans les bénéfices de l'entreprise.

Art. 11. — Les gouvernements japonais et chinois s'engagent à ce que, dans tout ce qui se rapporte au commerce de frontière entre la Mandchourie et la Corée, le traitement de la nation la plus favorisée soit accordé réciproquement.

Art. 12. — Les gouvernements japonais et chinois acceptent que, dans toutes les questions sur lesquelles porte le traité signé ce jour-ci ou l'accord présent, le traitement le plus favorable soit réciproquement accordé. Le présent accord doit entrer en vigueur dès la date de la signature. Lorsque le traité signé ce jour-ci

sera ratifié, le présent accord devra être considéré
également comme approuvé.

En foi de quoi les soussignés, dûment autorisés par
leurs gouvernements respectifs, ont signé le présent
accord en double en langues japonaise et chinoise, et
ont apposé leurs sceaux.

Fait à Pékin, ce 22ᵉ jour de décembre de la 38ᵉ
année de meiji, correspondant au 26ᵉ jour de la 11ᵉ
lune de la 31ᵉ année de Kouang-Sieu.

Komura Jutaro,   Prince Tching,
Uchida Yasuya.   Chichungohi,
                            Yuan-Chi-Kaï.

Le Traité Franco-Japonais.

Le gouvernement de la République française et le
gouvernement de S. M. l'empereur du Japon, animés
du désir de fortifier les relations d'amitié qui existent
entre eux et d'en écarter pour l'avenir toute cause de
malentendu, ont décidé de conclure l'arrangement
suivant :

« Les gouvernements de la France et du Japon,
d'accord pour respecter l'indépendance et l'intégrité
de la Chine ainsi que le principe de l'égalité du traitement dans ce pays pour le commerce et les ressortissants de toutes les nations, et ayant un intérêt spécial à voir l'ordre et un état de choses pacifique
garantis notamment dans les régions de l'empire chinois voisines des territoires où ils ont des droits de
souveraineté, de protection ou d'occupation, s'engagent à s'appuyer mutuellement pour assurer la paix
et la sécurité dans ces régions, en vue du maintien de
la situation respective et des droits territoriaux des

deux parties contractantes sur le continent asiatique. »

A cet arrangement politique s'ajoute une déclaration commerciale ainsi conçue :

Les deux gouvernements de la France et du Japon se réservant d'engager des pourparlers en vue de la conclusion d'une convention de commerce en ce qui concerne les relations entre le Japon et l'Indo-Chine française, conviennent de ce qui suit :

« Le traitement de la nation la plus favorisée sera accordé aux fonctionnaires et sujets du Japon dans l'Indo-Chine française pour tout ce qui concerne leurs personnes et la protection de leurs biens, et ce même traitement sera appliqué aux sujets et protégés de l'Indo-Chine française dans l'empire du Japon, et cela jusqu'à l'expiration du traité de commerce et de navigation signé entre le Japon et la France, le 4 août 1896. »

A la séance de la Chambre française des députés du 17 juin 1907, M. Stéphane Pichon, ministre des Affaires étrangères, répondant à une question posée par le comte Boni de Castellane, donna lecture du texte ci-dessus et ajouta les explications suivantes :

M. le ministre des Affaires étrangères. — Messieurs. Il ne me semble pas que de longs commentaires soient nécessaires pour expliquer et justifier cet accord.

Il a tout d'abord pour principe le respect de l'indépendance et de l'intégrité de la Chine, c'est-à-dire la consécration de la situation internationale de l'Extrême-Orient telle qu'elle résulte des traités et conventions.

Cette garantie nouvelle de durée pour la paix de l'Asie est encore confirmée par la proclamation de l'intérêt spécial qu'ont les deux parties contractantes à voir l'ordre et un état de choses pacifique assurés dans toutes les régions voisines des territoires où elles ont des droits de protection, d'occupation ou de souveraineté.

Le Japon, je le dis en passant, répond ainsi d'une façon péremptoire — et je n'en suis nullement surpris pour ma part, car je n'ai jamais eu de doute à cet égard — à ceux qui l'accuseraient ou le soupçonneraient d'entretenir des ambitions de conquête ; il affirme avec nous sa volonté de faire que l'état de choses actuel en Extrême-Orient ne soit ni troublé, ni modifié. L'appui mutuel que les deux gouvernements se promettent est profondément pacifique dans son inspiration, dans son but, et dans ses moyens d'action. (*Très bien ! très bien !*)

Comme l'a dit tout à l'heure M. de Castellane, ce n'est d'ailleurs pas là le résultat d'une négociation isolée. Elle s'ajoute aux négociations russes, qui sont conçues dans le même esprit, qui sont inspirées par les mêmes préoccupations, qui ont le même objectif et qui ne tarderont pas, j'en ai l'assurance, à aboutir aux mêmes conclusions. (*Applaudissements.*)

Elle s'ajoute aussi aux accords antérieurs : au traité anglo-japonais, à la convention entre le Japon et les Indes anglaises qui sont à nos yeux également des garanties de la paix. Elle s'ajoute à notre entente cordiale avec l'Angleterre et à notre alliance avec la Russie, qui sont, l'une et l'autre, si nécessaires et si précieuses pour le maintien de la paix dans le monde. Enfin, elle donne satisfaction à la politique de toutes les puissances en Chine, notamment à celles de l'Allemagne, de l'Autriche, de l'Italie et des États-Unis qui, toutes, visent l'égalité économique expressément garantie par le texte que je viens de lire.

Ainsi que je l'ai indiqué tout à l'heure l'arrangement politique est complété par une déclaration commerciale.

Cette déclaration prévoit une entente éventuelle qui s'appliquerait à l'Indo-Chine et, en attendant, elle assure à tous les Japonais dans notre grande colonie d'Asie en même temps qu'à tous les ressortissants Indo-Chinois dans l'empire du Japon le même traitement qu'aux Européens au point de vue des personnes et de la protection de leurs biens.

Cette clause se justifie d'elle-même. Le Japon avait depuis longtemps conquis le droit d'être assimilé aux grandes puissances du monde. Il l'avait conquis notamment, par la part prépondérante qu'il a prise il y a sept ans, dans la lutte de toutes les nations civilisées contre l'insurrection chinoise pour rétablir l'ordre et la sécurité dans l'empire du Milieu. J'ai peut-être personnellement quelque droit de le dire, car sans l'action du Japon et des autres puissances à cette époque, je ne serais certainement pas à la tribune aujourd'hui pour en parler. (*Nouveaux applaudissements.*)

Tel est, Messieurs, l'accord que je me félicite d'avoir au nom de M. le Président de la République et du Gouvernement dont je fais partie et en pleine entente avec tous ses membres, négocié, conclu et signé dans la collaboration la plus amicale avec l'éminent ambassadeur du Japon en France et avec le gouvernement du Mikado.

Dans un siècle où la politique européenne devient une politique mondiale, il apporte un gage nouveau à l'œuvre pacifique de la France en même temps qu'à la stabilité et à la sécurité de nos possessions d'Asie et il correspond, j'en suis sûr, à l'intérêt commun de tous les pays.

J'espère que la Chambre voudra bien l'apprécier comme l'a fait le Gouvernement au nom duquel je viens d'avoir l'honneur de fournir ces explications. (*Vifs applaudissements.*)

M. le Président. — L'incident est clos.

Les événements de Corée

EN JUILLET 1907.

Le traité de Portsmouth, 5 septembre 1905, reconnaissait par anticipation le protectorat japonais sur la Corée ; le 17 novembre suivant, le marquis Ito, envoyé spécial du Mikado, obtint de l'empereur Yi-Hyeung la signature d'un traité confiant la direction des affaires extérieures de la Corée au gouvernement japonais, et en vertu de ce traité une résidence générale japonaise fut installée le 20 décembre 1905 à Séoul.

Le marquis Ito, l'un des hommes d'État les plus habiles du Japon moderne, resté à Séoul comme rési-

dent général du gouvernement nippon, devint, en fait,
le véritable souverain de la Corée, et il réorganisa
l'administration coréenne sur le modèle de l'administration anglo-égyptienne, et plaça un conseiller
japonais auprès de chaque ministre coréen, des
réformes importantes furent immédiatement appli-
quées par lui à la grande satisfaction des contribuables
et des commerçants coréens.

On croyait généralement en Europe que l'empereur
Yi-Hyeung et sa cour, comprenant que toute résistance était désormais inutile, avaient accepté de bonne
grâce la suprématie japonaise ; c'est donc avec une
réelle surprise qu'on apprit, dans les premiers jours
de juillet dernier, qu'une mission spéciale coréenne,
composée du prince Yi-Oui-Tjyong. petit-fils de l'empereur, et de deux anciens hauts fonctionnaires de la
cour de Séoul, avait été envoyée à la Conférence de La
Haye par l'empereur Yi-Hyeung, en dehors de la délégation japonaise qui y représentait officiellement la
Corée en vertu du traité du 17 novembre 1905, précisément pour protester contre la conduite des Japonais
à l'égard de la Corée et de son souverain légitime.

Le prince Yi déclara notamment que le traité de
protectorat publié par le gouvernement japonais
n'avait aucune valeur ; que l'empereur Yi-Hyeung
n'ayant jamais signé ce traité, bien qu'il fût prisonnier
des Japonais, la Corée n'avait jamais cessé d'être indépendante et, qu'à ce titre, elle était en droit de faire
partie de la Conférence de La Haye.

Dans une Adresse officielle remise par la mission
aux membres de la Conférence, il était dit expressément :

Dans le cas où vous auriez besoin de renseignements complémentaires ou que vous désiriez vous assurer des pleins pouvoirs qui nous ont été conférés par Sa Majesté l'Empereur de Corée, veuillez bien nous en informer ; nous aurions l'honneur de nous mettre à l'entière disposition de Leurs Excellences.

Vu que les relations diplomatiques entre la Corée et les autres pays n'ont pas été rompues de par la volonté de la Corée elle-même, mais bien par suite de la violation de nos droits par le Japon, nous avons l'honneur d'adresser à Leurs Excellences, en leur priant de bien vouloir nous accorder les bienveillante intervention, afin que nous nous puissions assister à la Conférence de La Haye et y défendre nos droits en exposant les procédés des Japonais.

La Conférence n'admit point cette thèse, mais la nouvelle produisit à Tokio et à Séoul une émotion des plus vives, car l'intrigue avait été si bien menée que le marquis Ito et les ministres coréens ignoraient l'existence même de cette extraordinaire mission.

Le vicomte Hayashi, ministre des affaires étrangères du Japon, partit immédiatement pour Séoul, mais avant son arrivée les ministres coréens ayant acquis la conviction que les frais de la mission du prince Yi-Oui-Tjyong avaient été fournis par la cassette particulière de l'empereur — ce qui semblait indiquer que le souverain approuvait tout au moins le principe de l'intrigue — mirent Yi-Hyeung en demeure d'abdiquer en faveur de son fils Yi-Syek, prince de la Couronne.

L'empereur résista pendant quelques jours, affirmant qu'il était étranger à l'envoi de la mission, mais les termes de la protestation officielle remise à la Conférence de La Haye — dont le texte avait naturellement été câblé à Tokio et à Séoul — rendirent ses dénégations inutiles et les dépêches suivantes nous ont appris les suites de l'aventure :

Séoul, 19 juillet. — Lorsque les ministres coréens, précédés du premier ministre, allèrent hier soir au palais exhorter une dernière fois, au nom du cabinet, l'Empereur à abdiquer, la scène fut dramatique. L'Empereur manifestait une vive surexcitation. Néanmoins, le premier ministre lui exposa, avec autant de respect que de fermeté, le danger que courait la nation du fait du manque de précautions et de prudence de la politique impériale.

L'Empereur, incapable de répondre aux arguments de son premier ministre, convoqua le Conseil des Anciens. Quatre membres se présentèrent ce matin à une heure, et, à la surprise générale, et à la déception sans bornes du souverain, ils approuvèrent à l'unanimité la proposition des ministres. L'Empereur leur remit alors le projet de décret d'abdication qui était soumis à sa signature. Il était en proie à une agitation et à un trouble profonds.

Le seul bruit qui troubla le silence funèbre pesant sur toute cette scène mémorable fut le soupir étouffé de l'Empereur au moment où il apposait sa signature et son sceau.

Cette scène dramatique, rappelant de très loin, d'ailleurs, les Adieux de Fontainebleau, ne peut sérieusement nous émouvoir, car nous savons que l'histoire des quarante-quatre ans de règne de l'empereur Yi-Hyeung n'a été qu'une longue suite de calamités et de souffrances pour les Coréens.

Ce petit tyran asiatique n'avait évidemment ni l'intelligence ni l'esprit d'assimilation de l'empereur du Japon, son contemporain — ils sont tous les deux nés en 1852, — et, n'ayant rien compris à la civilisation occidentale, avec laquelle il devait cependant compter depuis 1876, date à laquelle la Corée a été ouverte au commerce international, il n'a rien essayé pour mettre son pays en état de résister aux attaques de ses voisins immédiats.

Avec un tel souverain le doux pays de la « Sérénité du matin » devait fatalement tomber à la merci de l'une des trois puissances : Chine, Russie ou Japon, qui s'en disputaient la possession ; et après la guerre victorieuse du Japon contre la Russie il était inévitable

que la Corée devînt, d'une manière plus ou moins
effective, province japonaise.

C'est ce que les ministres de Yi-Hyeung, mieux in-
formés que leur empereur, semblaient avoir compris :

Séoul, 19 juillet. — Interviewé par un journaliste, le marquis
Ito s'est refusé à faire des déclarations sur la situation, mais
il a dit qu'il désirait affirmer catégoriquement qu'avant comme
pendant la conférence qu'il a eue avec l'empereur, et pendant
que l'empereur et le cabinet discutaient la question de l'abdication, il a refusé de prendre une part quelconque aux événements.

L'empereur répéta qu'il n'était pas responsable de l'envoi à
La Haye d'une délégation coréenne et il demanda au marquis
Ito son opinion sur la recommandation que lui faisait le cabinet d'abdiquer. Le marquis Ito répondit que c'était une affaire
qui regardait exclusivement l'empereur et non pas lui. En sa
qualité de représentant du Japon, le marquis Ito déclara que
le cabinet coréen avait agi entièrement de sa propre initiative.

L'empereur Yi-Hyeung, 34e souverain de la dynastie
des Yi, régnante sur la Corée depuis 1392, monté sur
le trône le 21 juin 1864, a donc abdiqué le 18 juillet en
faveur de son fils aîné le prince de la couronne Yi-Syek,
et voici le texte de l'édit par lequel il annonce ce grand
événement à ses sujets :

Séoul, 19 juillet 1907. — Nous occupons depuis quarante-
quatre années le trône que nous ont transmis nos ancêtres.
Nous avons subi de nombreuses traverses ; nous n'avons pas pu
accomplir nos désirs.

Les ministres sont souvent impropres à leurs fonctions, et la
direction n'est pas toujours aux mains d'hommes faits pour
cette tâche. D'ailleurs, notre époque n'est point celle d'événements ordinaires. Notre nation passe par une crise extrêmement
pressante. Le bon fonctionnement de l'État est plus que jamais
en péril ; nous nous sentons exposé aux dangers qui menace-
raient une personne avançant sur la glace. Par bonheur, nous
avons un fils que la nature a doué de brillantes vertus, un fils
tout à fait digne d'être chargé des projets pour le développement du gouvernement.

Nous lui transférons notre héritage sous la sanction de la coutume des anciens temps.

Nous faisons savoir par la présente qu'aussitôt qu'il sera convenable nous remettrons les affaires de l'État au prince de la Couronne, lequel agira comme notre représentant.

La suite des événements nous est donnée par la dépêche suivante :

Séoul, 20 juillet. — A la requête du marquis Ito et des fonctionnaires japonais, les cérémonies de l'accession au trône du prince héritier ont eu lieu ce matin à dix heures avec le concours de l'armée.

Plusieurs consuls généraux ont été reçus en audience.

A quatre heures et demie, les cérémonies étant terminées, l'ex-empereur a pris congé des ministres.

Le cabinet coréen a notifié officiellement au gouvernement japonais l'abdication de l'empereur Yi-Hyeung, et l'accession du prince impérial.

De leur côté, les députés impériaux ont visité, pendant la nuit, les mausolées des ancêtres de l'empereur, afin de faire part aux esprits de ces ancêtres de l'abdication de Yi-Hyeung. Le nouvel empereur habitera le palais du Nord, à Ping-Yang.

Le gouvernement japonais, bien que virtuellement maître de la Corée, tient évidemment à observer la forme, car un télégramme de Tokio, relatant les impressions que les événements de Séoul ont produites sur la population japonaise, assure qu'on admire sans réserve, au Japon, la conduite des membres du Cabinet coréen qui, de leur propre initiative et avec un courage peu ordinaire, sont arrivés à résoudre une situation extrêmement grave.

Mais tout ne paraît pas fini :

Tokio, 22 juillet. — L'ex-Empereur, ainsi qu'il le laissait comprendre du reste dans son rescrit, voulait considérer son fils comme une sorte de fondé de pouvoirs provisoire et continuer à s'occuper des affaires de la Corée, mais on est parvenu à lui faire entendre raison et le nouveau régime va être officiellement proclamé, conformément à l'usage coréen, c'est-à-dire qu'une ère nouvelle, avec un nouveau nom, va commencer dans l'empire du Matin calme.

Ce que sera cette ère, on n'en sait rien, mais le nouvel Empereur n'inspire guère confiance. On le donne comme d'esprit faible, manquant de fermeté et s'intéressant peu à ses devoirs impériaux.

On parle toujours d'intrigues, de complots autour du Palais, et même de rivalité entre le nouvel Empereur et un de ses frères, le prince Ying.

En effet, des émeutes populaires ont eu lieu à Séoul ; on y a massacré une trentaine de commerçants japonais et brûlé les villas des ministres coréens ayant conseillé l'abdication. Mais le Japon est à seulement 200 kilomètres du port de Fusan et, malgré l'attitude des quelques régiments coréens que les Japonais avaient maintenus à Séoul, on peut prévoir d'avance que tout se terminera sans grande effusion de sang.

D'après les dernières dépêches de Tokio, il semble résulter que la politique du Japon en Corée consistera à maintenir la dynastie actuelle tout en modifiant le traité de protectorat du 17 novembre 1905, de façon à fortifier la suprématie japonaise en Corée et à y assurer le développement rapide des progrès économiques et financiers que ce pays a réalisés depuis l'année dernière.

Notre excellent confrère le *Temps* disait à ce propos :

La mainmise totale et définitive du Japon sur la Corée était prévue depuis la dernière guerre. Elle était explicitement acceptée par la France depuis le traité de 1907. Qu'un empereur succède à un empereur, que le protectorat se modifie, ou même que l'annexion se produise, peu nous importe. Nous n'avons rien à souhaiter en Corée, hormis la liberté de nos entreprises commerciales et industrielles. Or, cette liberté, on s'en souvient, nous a été garantie par le Japon dans le récent accord que nous avons conclu avec lui. Les mésaventures de Yi-Hyeung nous laissent donc indifférents.

C'est aussi notre conclusion.

*
* *

Ainsi qu'il fallait s'y attendre, le gouvernement japonais a profité de la faute commise par l'empereur Yi-Hyeung pour modifier les conditions du traité de protectorat du 17 novembre 1905 et les deux hommes d'État : le marquis Ito et le vicomte Hayashi, spécialement chargés de l'organisation administrative et financière de la Corée, estiment qu'avec la nouvelle convention que le fils et successeur de Hi-Hyeung a consenti à signer le 26 juillet dernier, tout rentrera dans l'ordre à Séoul et que des incidents pouvant troubler les bonnes relations entre l'Empire du Soleil levant et le pays de la « Sérénité du matin » ne seront plus à craindre.

Voici l'analyse du nouveau traité de protectorat :

Article premier. L'administration de la Corée est soumise à la direction du résident général japonais.

Art. 2. Toute loi et tout décret ainsi que les mesures intéressant les affaires d'Etat importantes seront soumises à l'approbation du résident général.

Art. 3. La nomination de tout haut fonctionnaire responsable doit être également soumise à l'approbation du résident général.

Art. 4. Seuls, les candidats recommandés par le résident général peuvent être nommés fonctionnaires du gouvernement coréen.

Art. 5. Une ligne de démarcation précise doit séparer les affaires administratives et judiciaires.

Art. 6. L'emploi d'étrangers dépend de l'autorisation du résident général.

Art. 7. La première clause de la convention du 22 août 1902, comportant l'emploi d'un contrôleur financier, est annulée.

Ce traité place définitivement la Corée sous l'entière dépendance du Japon, au double point de vue international et intérieur, et on a déjà calculé qu'il faudra au moins 1 200 fonctionnaires japonais pour organiser les cadres de l'autorité administrative, judiciaire et financière dont la péninsule coréenne va être dotée. Or, il est évident qu'avec l'arrivée des nouveaux régiments japonais que le général Hasegawa, commandant en chef de l'armée d'occupation, doit avoir déjà sous ses ordres, le peuple coréen, déjà si pacifique, n'opposera aucune résistance à la transformation qui se prépare.

Les cultivateurs, les pêcheurs, les artisans et les commerçants, qui constituent les neuf dixièmes de la population indigène, ont, d'ailleurs, tout à gagner avec le nouveau régime, car le souverain, sa cour et la caste privilégiée qui les gouvernaient, se contentaient de les pressurer à merci, s'opposant systématiquement à toute réforme, à toute innovation politique ou sociale qui aurait pu améliorer la situation économique, intellectuelle et morale du pays.

Les Coréens sont actuellement indifférents à toute idée de progrès, incapables de tout effort collectif et de toute initiative politique, parce que leurs anciens gouvernants, abusant de leur pouvoir absolu, les ont étroitement maintenus dans un état complet d'ignorance et de servitude.

Au contraire, tous les consuls européens résidant en Corée proclament que depuis moins de deux ans que les Japonais en ont pris la direction administrative, le pays n'est plus reconnaissable : « Rien n'a échappé à leur vigilance ; et depuis l'emploi des forces hydrauliques jusqu'à la prostitution, ils ont préparé pour toutes les questions des programmes, des règlements, des réformes, des institutions nouvelles. Ils ont entrepris la codification des lois coréennes, l'assainissement de la situation financière, la reconstitution administrative du pays. Ils ont envoyé en Corée des fonctionnaires, des ingénieurs, des commerçants, des industriels, et le marquis Ito déclare que son gouvernement veut faire pour la Corée ce que l'Angleterre a fait et fait encore pour l'Égypte. »

La note pourrait paraître forcée si les rapports de M. Megata, directeur des revenus au ministère des Finances du Japon, envoyé par son gouvernement en Corée, comme conseiller financier depuis le mois d'octobre 1904, n'en démontraient la parfaite exactitude.

Par exemple, au point de vue financier, nous avons déjà dit, dans notre présente étude sur le *Japon après la guerre,* qu'avant 1905 le gouvernement coréen ne dressait ni budget de recettes, ni budget de dépenses. il publiait bien depuis quelques années un semblant de compte rendu financier, mais cette publication ne présentait aucun caractère d'authenticité, car l'Empereur et ses ministres réalisaient des recettes et effectuaient des dépenses au gré de leurs fantaisies, et sans aucun souci de l'équilibre budgétaire.

Aux désordres financiers venait s'ajouter le gâchis monétaire ; en effet, l'Hôtel des monnaies de Séoul comblait régulièrement les déficits du Trésor impérial par des émissions de mauvais aloi, ce qui rendait le commerce international très difficile et parfois impossible.

Après une première série de réformes, en tête desquelles il faut placer l'assimilation du système monétaire coréen au système japonais et l'établissement d'un budget régulier de recettes et de dépenses, un contrôle effectif a été exercé sur toutes les affaires de l'État, dont les revenus ont immédiatement augmenté, ce qui a permis de commencer quelques travaux publics de première nécessité.

La réorganisation du régime monétaire a également amélioré les transactions commerciales et rendu possible la création d'établissements de crédit, dont la Corée se trouvait totalement dépourvue jusqu'à ces temps derniers.

Plusieurs lois et règlements ont été promulgués en mars et avril 1906 pour faciliter la tâche de la *Dai-itchè-Ginko*, devenue banque d'émission de la Corée en 1905, et par application de ces lois et règlements on a créé, de juin 1906 à janvier 1907, dix banques agricoles et industrielles dans les principales villes de la péninsule : Séoul, Taï-Ku, Tyeng-Yang, Chien-Chu, Shin-Chu, Kwang-Chu, Chung-Chu, Haï-Chu, Kyong-Song et Kong-Su.

Ces banques destinées à favoriser le développement de l'agriculture et de l'industrie locales, n'ont qu'un capital social de 1 100 000 yens, mais elles reçoivent des subventions de l'État et il est à prévoir que leur influence provoquera en faveur de la production indigène les heureux résultats que l'organisation du crédit a donnés à Formose et au Japon même.

La circulation monétaire est encore très restreinte en Corée, et pour suppléer à la rareté des espèces métalliques il s'est fondé, dans les principaux centres commerciaux, des *Établissements d'associations de billets à ordre*, qui fonctionnent comme des banques mutuelles d'escompte à la satisfaction des intéressés.

Le premier de ces établissements fut créé par quarante commerçants notables de Séoul. Il commença ses opérations en janvier 1906 ; le succès ayant immédiatement répondu aux espérances de ses fondateurs, un grand nombre d'autres commerçants entrèrent dans l'Association, qui établit alors une filiale à O-Gang et, à la fin de février 1907, le nombre des membres associés atteignait 172.

Cinq établissements du même genre ont été fondés pendant l'année 1906, et à la date du 28 février 1907 le nombre des membres associés s'élevait, pour les six établissements, à 300, leur capital social à 335 000 yens et leur circulation fiduciaire à 1 850 629 yens.

Mais il reste fort à faire, car il n'y a peut-être pas de pays au monde plus arriéré que la Corée au point de vue commercial et financier.

D'après le dernier rapport de M. Megata, l'état économique actuel de ce pays est surtout basé sur l'agriculture, le produit principal étant le riz et diverses céréales.

Il y a beaucoup de terres d'une grande fertilité et sur lesquelles le riz pousse à merveille, mais les agriculteurs coréens, foncièrement hostiles à l'application de méthodes perfectionnées, ne font aucun usage d'engrais et dédaignent l'irrigation qui, avec peu de travail, doublerait l'importance de leurs récoltes. Ils produisent cependant une quantité considérable de grains de plusieurs sortes, grâce aux conditions exceptionnellement favorables que la nature a généreusement octroyées à leur pays.

D'ailleurs, comme la population de la Corée est encore très faible relativement à l'étendue des terrains cultivables, le cultivateur change de région dès qu'il constate que sa terre donne des signes d'épuisement. C'est sans doute à cause de ce système de rotation périodique, facile dans un pays où la terre n'a pour ainsi dire aucune valeur, que la production agricole coréenne se maintient stationnaire, malgré l'indolence des agriculteurs indigènes.

Économiste Européen du 26 juillet 1907.

L'accord Russo-Japonais.

Le gouvernement de Sa Majesté le tsar de toutes les Russies et le gouvernement de Sa Majesté l'empereur du Japon, animés d'un désir de fortifier les relations pacifiques, amicales et de bon voisinage qui ont été heureusement rétablies entre la Russie et le Japon, et d'écarter la possibilité de malentendus futurs entre les deux empires, ont conclu les accords suivants :

Article premier. — Chacune des hautes parties contractantes s'engage à respecter l'intégrité territoriale actuelle de l'autre, de même que tous les droits résultant pour l'une ou l'autre des hautes parties contractantes des traités en vigueur, accords ou conventions appliqués à présent entre les hautes parties contractantes et la Chine et dont les textes ont été échangés entre les puissances contractantes, ceci dans la mesure où ces droits ne sont pas incompatibles avec le principe de l'égalité de traitement énoncé dans le traité signé à Portsmouth le 5 septembre 1905 et dans les conventions spéciales conclues entre la Russie et le Japon.

Art. 2. — Les deux hautes parties contractantes reconnaissent l'indépendance et l'intégrité territoriale de l'empire de Chine, de même que le principe du traitement égal en ce qui concerne le commerce et l'industrie pour toutes les nations dans ledit empire. Elles s'engagent également à soutenir le maintien du *statu quo* et le respect de ce principe par tous les moyens pacifiques à leur disposition.

Fait à Saint-Pétersbourg, le 30 juillet 1907.

<table>
<tr><td>Isvolsky,
Ministre des Affaires étrangères
de Russie.</td><td>Motono,
Ambassadeur du Japon
à Saint-Pétersbourg.</td></tr>
</table>

TABLE DES MATIÈRES

Avantages du traité de Simonosaki. — Importance de l'indemnité de guerre chinoise. — Le traité de Portsmouth a, au contraire, augmenté la dette publique japonaise de plus de 4 500 millions de francs. — Les difficultés de liquidations financières sont plus grandes qu'après la guerre de Chine. — La paix est aujourd'hui nécessaire au Japon. — L'entente cordiale avec la France et les arrangements intervenus entre le Japon et la Russie sont des garanties pacifiques pour toutes les puissances.

ANNEXES

www.ingramcontent.com/pod-product-compliance
Lightning Source LLC
LaVergne TN
LVHW010302190726
843502LV00014B/1062